Índice

1. INTRODUCCIÓN

Desde que tengo uso de razón he intentado llegar hasta mis clientes, generar nuevos negocios

El problema: no lograba pasar de mi círculo cercano. No conseguía expandir mis ideas más allá de las fronteras de mi pueblo.

Cuando comencé mi primer proyecto serio, una web en la que hablaba sobre motos, creé una lista de correos, pero lo hice por inercia. En aquella época ya empezaban a aparecer y me parecía muy profesional pedir a mis lectores su correo.

No me la tomé demasiado en serio, la verdad. La lista crecía y crecía gracias a los regalos que ofrecía, pero muchas veces olvidaba enviarles mi correo mensual.

Total, ¿qué más da? ¿para qué iba a valer esa lista de suscriptores? En redes sociales contaba con muchos más seguidores que daban like a mis fotos. ¿Por qué perder el tiempo escribiendo un correo al mes?

Cuando escribí mi primer libro de mecánica de motos se me ocurrió que quizá podría vender algunas unidades a mi lista de correo. Al fin y al cabo, se suponía que eran personas interesadas en las motos. Se habían suscrito a mi lista porque les regalaba algo relacionado con ellas.

Implicar a mi lista en ese lanzamiento resultó un tremendo éxito. Por aquel entonces había logrado acumular casi 5.000 suscriptores y fueron muchos los que se animaron a comprar mi libro.

Tanto fue así que mi primer libro se convirtió en el más vendido de su categoría en Amazon durante meses y uno de los más vendidos en Amazon España durante su semana de lanzamiento.

El libro de alguien que no era escritor ni había escrito un libro en su vida.

Fue en ese momento en el que comprendí el tremendo valor que tiene una newsletter.

Una llave que te abre la puerta de lo más íntimo de tus lectores, te lleva hasta su bandeja de entrada, esa que abres nada más levantarte, mientras aún estás en pijama. Ahí estás tú con tu correo, dándole los buenos días y sembrando la semilla de tu marca.

De eso trata este libro. Te voy a contar todo lo que necesitas para crear, gestionar y mejorar tu newsletter.

Te lo voy a enseñar de una manera totalmente práctica, paso a paso, todo el proceso, desde la idea para la temática, plataformas en las que alojarla, trucos para captar nuevos suscriptores, vías de promoción, formas de monetizarla, técnicas de diseño, métricas de análisis y herramientas que te ayudarán en tu día a día.

Te lo voy a contar partiendo desde cero y de forma que puedas publicar tu propia newsletter sin necesidad de tener ningún conocimiento previo.

Mi newsletter principal trata sobre mecánica para todos los públicos, sé que no tiene nada que ver con este libro, pero no podía dejar de abrirte las puertas de mi casa y cumplir con el ejemplo de todo lo que te voy a contar en este libro, así que te invito a unirte a la comunidad de los burros:

Imagen 1.   Enlace a Mecánica para Burros

¿Listo para llegar a la bandeja de entrada de tus lectores?

Empezamos.

2. CÓMO ESTÁ ORGANIZADO ESTE LIBRO

He querido que este libro sea totalmente práctico.

Para ello he preferido ser muy directo, sin largos párrafos que alarguen innecesariamente el libro.

Cada capítulo es independiente y podrás saltar de uno a otro sin miedo a haberte perdido algo indispensable para entenderlos.

Si ya tienes una newsletter y lo que te interesa es promocionarla puedes ir directamente al capítulo correspondiente. Si estás aquí porque has escuchado hablar de esta mágica herramienta puedes seguir leyendo desde el principio.

Al final del libro he incluido algunas páginas en blanco para que vayas anotando ideas que te surjan para tus proyectos y tengas así un sitio donde tenerlas ordenadas y a mano.

Sin más preámbulos, salta al capítulo que más te interese leer y **vamos a empezar a crear tu primera newsletter.**

3. ¿POR QUÉ UN LIBRO SOBRE NEWSLETTERS?

En una era digital dominada por las redes sociales, donde cada tweet y actualización de estado compite por un instante de atención, el arte de la comunicación efectiva parece más desafiante que nunca.

Sin embargo, entre la efímera naturaleza de las plataformas sociales y la volatilidad de sus algoritmos, existe un medio que ha demostrado su valor y resistencia: **la newsletter.**

Decidí escribir este libro porque he visto, tanto en mi experiencia personal como en la de otros muchos, que las newsletters son una de las herramientas más subestimadas y poderosas para cualquier persona o negocio que desee construir una relación duradera con su audiencia.

A diferencia de las redes sociales, donde tu mensaje puede perderse fácilmente en un mar de contenido, una newsletter **llega directamente a la bandeja de entrada de alguien** que ha expresado un interés claro y consciente en lo que tienes que decir.

Una newsletter no es sólo un medio para enviar actualizaciones o promociones; es una plataforma para contar historias, compartir descubrimientos, y, lo más importante, para conversar.

Es un espacio donde puedes hablar directamente a tu audiencia sin filtros ni intermediarios, creando un diálogo que es tanto personal como relevante, y esto, marca la diferencia con cualquier otro canal.

La decisión de centrarme en las listas de correo proviene de una creencia profunda en la construcción de comunidades en lugar de simplemente acumular seguidores (la eterna disputa newsletters vs redes sociales de la que hablaremos más adelante).

Las newsletters permiten a las marcas y a los individuos no solo alcanzar a su audiencia, sino involucrarla y retenerla de manera que pocas plataformas pueden igualar.

Con cada edición, tienes la oportunidad de fortalecer esa comunidad, brindando valor y profundizando la confianza.

Este libro es tanto una guía práctica como una exploración de las posibilidades creativas de las newsletters. Desde la planificación y la creación de contenido hasta la gestión de la lista y el análisis de la participación, mi objetivo es proporcionarte no solo las herramientas necesarias para comenzar y mantener una newsletter exitosa, sino también la inspiración para hacer de tu newsletter una verdadera extensión de tu voz y tu marca.

En las páginas siguientes, compartiré todo lo que he aprendido: los desafíos que enfrenté, las soluciones que descubrí y las alegrías que experimenté al conectar con mi audiencia de una manera profunda y significativa.

Si alguna vez te has sentido abrumado por las opciones de marketing digital o simplemente buscas una forma más auténtica de comunicarte, este libro es para ti.

SECCIÓN 1. QUIERO CREAR UNA NEWSLETTER

4. COMPRENDIENDO EL VALOR DE UNA NEWSLETTER

Durante los últimos años, he explorado el mundo de las newsletters, aprendiendo no solo su importancia en la comunicación digital, sino también descubriendo cómo pueden transformar la relación entre marcas y sus audiencias.

Si estás aquí, probablemente ya sabes que una newsletter es más que solo un simple correo electrónico: es una herramienta poderosa para conectar, educar y convertir a tu audiencia en seguidores leales.

Una newsletter efectiva te permite mantener informados a tus suscriptores sobre las últimas noticias, productos o servicios de tu negocio de manera regular. Pero su valor va más allá de la mera información; se trata de **construir una comunidad** alrededor de tu marca y crear un canal directo de comunicación con tus seguidores.

En mi experiencia, iniciar una newsletter fue una tortura. Me enfrenté a preguntas como: ¿Alguien va a leer esto? ¿Les va a interesar? ¿Cómo puedo hacer que mi contenido destaque en la saturada bandeja de entrada de mis suscriptores?

Sin embargo, con el tiempo, descubrí que el secreto residía no solo en lo que decía, sino en cómo lo decía. La autenticidad y la regularidad eran clave.

Cuando envié mi primera newsletter, los resultados fueron modestos (realmente no pasó nada, ese correo sólo le llegó a mi novia, actual mujer y a mi hermano), pero con el tiempo eso cambió y fui aprendiendo por qué las newsletters eran tan importantes para mi marca.

Pude ver de primera mano cómo una pequeña lista de suscriptores activos era más valiosa que miles de seguidores pasivos en las redes sociales. Cada newsletter que enviaba fortalecía la relación con mis lectores y me ofrecía instantáneas claras de sus intereses a través de sus interacciones y respuestas.

Los beneficios de mantener una comunicación regular son múltiples:

1. **Fidelización**: Las newsletters crean un sentido de pertenencia entre tus suscriptores (la famosa comunidad). Al recibir noticias y contenido de valor, se sienten parte de algo exclusivo.

2. **Retroalimentación directa**: A diferencia de los canales más públicos, una newsletter invita a una comunicación bidireccional más personal. Los suscriptores pueden responder directamente a tu correo, ofreciéndote valiosas ideas sobre sus necesidades y preferencias.

3. **Ventas incrementadas**: Con el tiempo, una newsletter bien gestionada puede convertirse en una herramienta de ventas potente. Al educar a tus suscriptores sobre tus productos o servicios y ofrecerles contenido de valor, estarás en una posición privilegiada cuando estén listos para comprar.

4. **Independencia de plataformas**: En un mundo donde las redes sociales cambian constantemente sus algoritmos, tener tu propia lista de correo te da control total sobre la comunicación con tus seguidores. No estás a merced de terceros para llegar a tu audiencia. La lista es tuya, no de Facebook.

5. PRIMEROS PASOS ANTES DE LANZAR TU NEWSLETTER

Definir el propósito y objetivos de tu newsletter.

Cuando decides comenzar una newsletter, el primer paso importante es definir claramente su propósito y los objetivos que esperas alcanzar.

El propósito de tu newsletter debe reflejar una necesidad tanto de tu parte como de tus lectores.

Comienza preguntándote:

¿Qué me motiva a iniciar esta newsletter?

Puede ser desde educar a tu audiencia sobre un tema que dominas hasta compartir actualizaciones regulares sobre tu proyecto o negocio.

Esto es importante porque, en ocasiones, nos lanzamos sin pensar a crear una newsletter y, después de haber enviado varias ediciones, nos damos cuenta de que realmente no teníamos un propósito claro.

Algo parecido me ocurrió cuando, de la noche a la mañana, decidí crear una newsletter para escritores. Ya tenía mucha experiencia en newsletters después de casi 10 años enviando correos a mi audiencia en Donkey Motorbikes, sin embargo, tras enviar dos correos a una audiencia mínima me di cuenta de que:

1) No me apetecía nada escribir un correo semanal sobre técnicas de escritura.
2) No tenía nada que ofrecer a mi audiencia.

Es decir, había creado una newsletter sin tener ningún propósito claro: error fatal.

Por lo menos me di cuenta rápido, se lo expliqué a mis suscriptores, y cerré la lista.

Pregúntate también:

¿Qué valor único puedo ofrecer a mis suscriptores?

Considera qué te diferencia de otras newsletters en tu nicho. Puede ser tu estilo personal, acceso exclusivo a contenido, o una perspectiva única sobre temas comunes.

Algunos ejemplos comunes de propósitos incluyen:

- Compartir conocimientos y consejos prácticos sobre un tema específico.
- Mantener informados a los clientes sobre nuevos productos, servicios o eventos.
- Construir una comunidad de personas con intereses similares.

Con un propósito definido, el siguiente paso es establecer objetivos tangibles y medibles.

Los objetivos te ayudan a mantener tu newsletter enfocada y te proporcionan criterios concretos para evaluar su éxito.

Algunas preguntas para ayudarte a definir tus objetivos son:

- ¿Qué espero lograr con mi newsletter en términos de negocio o impacto personal?
- ¿Cómo mediré el éxito de mi newsletter? Esto puede incluir métricas como tasas de apertura, clicks, crecimiento de suscriptores, y nivel de interacción. (No te preocupes por esto ahora, lo veremos más adelante).

Ejemplos de objetivos específicos podrían ser:

- Incrementar el conocimiento de tu marca o negocio en un 20% en un año.
- Fomentar la interacción de los lectores, apuntando a una tasa de respuesta del 10% en comentarios o respuestas directas a la newsletter.
- Desarrollar una base de datos de clientes potenciales calificados para ventas futuras.

Finalmente, es fundamental que tanto el propósito como los objetivos de tu newsletter estén alineados con los intereses y necesidades de tu audiencia.

Realiza una investigación inicial para entender a tus suscriptores potenciales:

- ¿Quiénes son? Conoce sus intereses, problemas y deseos.
- ¿Cómo prefieren recibir y consumir información? Esto te ayudará a decidir sobre el formato y el tono de tu contenido.

Al final, una newsletter exitosa es aquella que logra un equilibrio entre tus objetivos y las expectativas de tus lectores.

Te animo a utilizar encuestas o formularios de feedback temprano para afinar tu enfoque y asegurarte de que realmente estás proporcionando valor.

Conocer a tu audiencia: ¿Quiénes son y qué necesitan de ti?

Entender profundamente a tu audiencia es esencial para el éxito de cualquier newsletter. No se trata solo de enviar correos electrónicos;

se trata de conectar con personas reales cuyas necesidades y expectativas pueden definir el impacto de tu contenido.

Lo primero es saber quién compone tu audiencia objetivo. Esto va más allá de las estadísticas demográficas básicas:

- **Segmentación**: Divide tu audiencia en grupos basados en características comunes como edad, profesión, intereses o comportamientos. Esto te permite personalizar mensajes que hablen directamente a las necesidades específicas de cada grupo.

- **Personas**: Crea perfiles de "persona" que representen a los miembros típicos de tu audiencia. Incluye detalles como motivaciones, desafíos, preferencias de contenido y canales de comunicación preferidos. Por ejemplo, si tu newsletter es sobre tecnología, una persona podría ser un profesional de TI que busca las últimas innovaciones para implementar en su trabajo.

Una vez que tienes una idea clara de quiénes quieres que sean tus suscriptores, el siguiente paso es entender qué necesitan y esperan de ti.

Esto te ayudará a crear un contenido de calidad que no solo sea leído, sino que también sea valorado y esperado.

Conocer profundamente a tu audiencia transformará tu newsletter de un simple correo electrónico a una herramienta poderosa para construir relaciones duraderas y significativas.

Al final, cuando sabes quiénes serán tus lectores y qué necesitan de ti, estarás mejor equipado para servirles contenido que resuene, inspire y motive. Y sobre todo que enganche.

6. NEWSLETTERS VS REDES SOCIALES

En el dinámico mundo del marketing digital, los negocios enfrentan constantemente el dilema de elegir entre las newsletters y las redes sociales para captar la atención de su audiencia.

En este capítulo te voy a contar por qué me gustan más las newsletters pero también por qué creo que ambas alternativas deben ir de la mano sin dejar ninguna de lado.

La dinámica del alcance y la personalización

Las redes sociales, con su impresionante capacidad de alcanzar a billones de usuarios instantáneamente, parecen ser la herramienta de marketing definitiva. Sin embargo, este tremendo alcance a menudo carece de la precisión que ofrecen las newsletters.

Mientras que las redes sociales dispersan tu mensaje en un océano de contenido, una newsletter llega directamente a la bandeja de entrada de tu suscriptor, que, por otra parte, ha optado activa y voluntariamente por recibir tus mensajes.

Esta es una <u>audiencia que ha demostrado interés y compromiso desde el principio</u>, lo cual es un terreno fértil para cultivar relaciones profundas y significativas. Es decir, es una audiencia ya filtrada, que está esperando a que le cuentes algo cada día, cada semana o cada mes.

La personalización es otro factor crítico. En las newsletters, cada mensaje puede ser cuidadosamente adaptado para resonar con las necesidades y preferencias de tus suscriptores, aumentando así las tasas de apertura y conversión.

Aunque las redes sociales ofrecen opciones de segmentación avanzadas, estas plataformas no igualan la comunicación personal que puede lograrse a través del email.

Rentabilidad y eficacia en la conversión

Desde una perspectiva de retorno de inversión, las newsletters dominan claramente.

Por cada euro invertido en email marketing, el retorno promedio es de 44 €, comparado con el modesto 2,80 € generado por las mismas inversiones en redes sociales.

Además, el email marketing no solo sobresale en términos de rentabilidad, sino también en la eficacia de la conversión.

Con tasas de <u>conversión media del 8%,</u> el email es mucho más efectivo que las redes sociales para convertir interesados en clientes pagos.

Probablemente conozcas la anécdota de la influencer con 2,6 millones de seguidores que no fue capaz de vender 36 camisetas. Por si no lo conoces, lo puedes leer a continuación:

> *Hola, me rompe el corazón tener que escribir este post. Como todos sabéis, he lanzado mi propia marca. He puesto todo mi corazón en esto. Para la sesión de fotos he tenido que traer de fuera a un fotógrafo y un maquillador, lo he tenido que planear con semanas de antelación y por suerte he tenido la suerte de contar con amigas que han posado para mí. He alquilado un estudio fotográfico enorme para ese día para*

que pudiera contar con el mayor número de fotos y vídeos promocionales". Y, sin embargo, nada ha funcionado. Para que yo pueda encargar y fabricar mis productos (incluso para poder seguir trabajando con ellos), tengo que vender al menos 36 piezas. Por lo visto me he vuelto súper irrelevante, así que sabía que iba a ser difícil, pero me estabais dando tan buen feedback que pensé que a la gente le gustaba y lo compraría. Pero nadie lo hizo. Nadie mantuvo su palabra así que la empresa no va a poder atender los pedidos de la gente que sí que hizo alguna compra y me rompe el corazón, No os preocupéis, se os devolverá el dinero. Suena rencoroso, pero yo he apoyado la música o todo lo que me han pedido de todo el mundo y ni siquiera me lo han podido devolver. Esto no es el final de mi marca, sólo es un bache.

Como ves, contar con un enorme número de seguidores en redes sociales no te garantiza el éxito (tampoco en una newsletter, ojo), pero te aseguro que la fidelidad de una persona que te ha abierto su buzón de correo es mucho mayor.

Estabilidad y control

Uno de los aspectos más convincentes del email marketing es la estabilidad y el control que ofrece sobre tu lista de contactos.

A diferencia de las redes sociales, donde tu acceso a los seguidores puede ser limitado o alterado por cambios en los algoritmos, una lista de correo electrónico es completamente tuya.

Este activo inalterable no solo asegura que puedas comunicarte con tu audiencia sin intermediarios, sino que también protege tu negocio contra los caprichos de las plataformas sociales que pueden cambiar sus políticas sin previo aviso.

Cultivando relaciones auténticas

Las newsletters ofrecen una plataforma inigualable para compartir no solo promociones, sino también conocimientos, consejos y narrativas que reflejan la pasión de tu marca.

Este tipo de contenido rico y relevante no sólo educa a tu audiencia sino que también fortalece la confianza, haciendo de cada envío una oportunidad para profundizar la relación.

Al ofrecer consistentemente valor, estableces tu marca como una fuente confiable y autorizada en tu sector.

En resumen...

Te resumo en la siguiente tabla una comparativa entre el uso de las newsletters frente a las redes sociales:

Aspecto	Newsletters	Redes Sociales
Alcance	Limitado al tamaño de la lista de suscripción, pero altamente objetivo.	Potencialmente ilimitado y muy amplio, pero menos específico.
Rentabilidad	Alto (44€ retornados por cada 1€ gastado)	Relativamente bajo (aproximadamente 2.80€ retornados por cada 1€ gastado)
Tasa de Conversión	Más alta (aproximadamente 8%)	Menor (alrededor de 3%)
Interactividad	Principalmente unidireccional, salvo respuestas directas al emisor.	Altamente interactiva, fomenta la comunicación bidireccional.
Formato de Contenido	Predominantemente texto e imágenes, con posibilidad de incluir enlaces y contenido más profundo.	Mayormente visual y multimedia, ideal para captar la atención rápida.
Personalización	Extremadamente personalizable, permitiendo una segmentación detallada.	Menos personalizable en términos de contenido directo, aunque los anuncios pueden ser altamente dirigidos.
Crecimiento	Normalmente lento.	Puede ser rápido si se viraliza.
Control	Total, la lista de correo es tuya.	Dependes de las políticas y algoritmos de la plataforma.
Coste	Mayor, requiere una pequeña inversión inicial y mantenimiento.	Normalmente gratuito.

Conclusión

Tanto las newsletters como las redes sociales tienen roles vitales en el marketing digital. Mientras que las newsletters ofrecen una forma personalizada y directa de comunicación con un retorno de inversión alto y una base de suscriptores comprometidos, las redes sociales proporcionan un alcance amplio, interactividad y la capacidad de viralizar contenido.

Desde mi punto de vista, ambas herramientas pueden ser complementarias si sabemos aprovechar los potenciales de cada una.

SECCIÓN 2. CREANDO TU NEWSLETTER

7. CREANDO TU PRIMERA NEWSLETTER

El lanzamiento de tu primera newsletter es un momento emocionante pero también puede ser abrumador.

Descomponiéndola en pasos manejables, puedes construir una comunicación efectiva y atractiva que realmente resuene con tu audiencia.

Con cada edición, aprenderás más sobre qué funciona y qué no, permitiéndote mejorar continuamente y profundizar la relación con tus suscriptores.

En este capítulo, te guiaré a través del proceso de creación de tu primera newsletter, desde la concepción hasta el envío, asegurando que cada paso está claro y es accesible.

El diseño de tu primer correo

Antes de sumergirnos en el diseño y contenido, es importante entender los componentes clave de una newsletter exitosa:

✎ **Encabezado**: Incluye el nombre de tu newsletter y, opcionalmente, tu logo. Debe ser reconocible y atractivo. Debes dejar claro a tu audiencia que el correo es tuyo y de qué trata tu marca.

Por ejemplo, Chus Naharro en su newsletter de newsletters (que te recomiendo encarecidamente), lo deja claro desde el primer momento:

- **Cuerpo del mensaje**: Aquí es donde compartes el contenido principal. Puede incluir artículos, enlaces, imágenes y más. Puedes plantearla en un formato de texto plano (como los correos de toda la vida) o bien editada como una página web.

- **Call to Action (CTA)**: Motiva a tus lectores a tomar una acción, como visitar tu sitio web, comprar un producto, o simplemente responder a un tema.

- **Footer**: Debe contener información de contacto, un enlace para desuscribirse y datos legales como tu dirección postal. También te recomiendo un enlace para posibles patrocinadores de tu newsletter.

El diseño debe reflejar tu marca y ser visualmente atractivo, pero también funcional y fácil de navegar.

- **Plantillas**: Muchas plataformas de envío de emails ofrecen plantillas que puedes personalizar. Selecciona una que se alinee con tu imagen de marca.

  Personalmente suelo utilizar las plantillas que ofrecen las plataformas de email marketing, como Mailchimp, MailerLite o Substack, o aprovecho la enorme versatilidad de Canva. Elige lo que más se adapte a tu proyecto. No es lo mismo una newsletter sobre bolsa que una sobre bricolaje.

  Sí que te recomiendo la **consistencia en tu diseño**. Tu audiencia debe reconocer de un vistazo un correo tuyo, así que procura no marearles.

- **Imágenes y Multimedia**: Incluye imágenes, pero asegúrate de que no dominen el texto. Las imágenes deben ser relevantes y de alta calidad.

  - Imágenes de Alta Calidad: Incorpora imágenes atractivas y de alta resolución que sean relevantes para el contenido.

  - Gráficos y Videos: Utiliza gráficos y videos para hacer el contenido más dinámico y atractivo.

- **Compatibilidad móvil**: Asegúrate de que tu newsletter se vea bien en dispositivos móviles, ya que muchos usuarios leerán desde sus teléfonos.

- **Tipografía:**

  - **Fuentes Legibles:** Escoge fuentes claras y fáciles de leer. Limita el uso de diferentes tipos de letra para mantener un diseño limpio.

  - **Tamaño de Fuente:** Utiliza tamaños de fuente adecuados para asegurar que el texto sea legible en todas las plataformas.

El contenido es el corazón de tu newsletter. Debe ser interesante, valioso y relevante para tu audiencia.

- **Personalización**: Haz que se sientan valorados y parte de una comunidad. Antes era muy habitual aprovechar que habíamos captado su nombre para, mediante metadatos, dirigirnos a cada lector por su nombre. Hoy en día está cada vez más en desuso.

- ✎ **Valor educativo o de entretenimiento**: Ofrece algo que tus lectores no puedan obtener en otro lugar. Sé el experto en tu nicho, o al menos hazles reir.

- ✎ **Frecuencia y hora de envío**: elige un horario de envío cuando tus lectores estén más activos. Luego hablaremos sobre esto.

Pruebas y revisiones

Antes de enviar tu newsletter, haz varias pruebas:

- **Envía siempre un email de prueba** a tu propio correo y estudia cómo se ve en diferentes plataformas (ordenador, móvil y Tablet).

- **Envía un email de prueba a amigos o familiares**: Obtén feedback sobre el diseño y contenido.

- **Errores ortográficos y gramaticales**: Revisa minuciosamente para evitar errores que puedan disminuir la profesionalidad de tu newsletter.

En resumen, captar y mantener la atención de tus lectores requiere un equilibrio entre un diseño atractivo y contenido relevante y valioso.

Al implementar estrategias de diseño efectivas, crear contenido que enganche, personalizar la experiencia del suscriptor y mantener una frecuencia y consistencia adecuadas, puedes aumentar significativamente el enganche de tus newsletters y construir una relación duradera con tus suscriptores.

8. PLATAFORMAS PARA ALOJAR TU NEWSLETTER

Al lanzar una newsletter, una de las decisiones más importantes que tomarás es la elección de la plataforma de envío de emails.

Supongo que lo sabes, pero por si acaso te cuento que las newsletters no se envían directamente desde tu correo sino que es una plataforma la que se encarga de:

- Captar el email de tu suscriptor.
- Enviarle automáticamente una secuencia de bienvenida (el o los correos que te llegan cuando te suscribes a una lista).
- Almacenar y ordenar la lista de correos.
- Servirte de plantilla para el diseño de tus correos.
- Enviar masivamente tu correo a toda tu lista, en tu nombre.
- Gestionar cuando un suscriptor se da de baja.

Es decir, afortunadamente todo este proceso está automatizado, imagina si no el trabajo que te llevaría gestionar una lista de miles de direcciones de correo.

Esta herramienta no solo afectará cómo diseñas y envías tus correos electrónicos, sino también cómo gestionas tus listas de suscriptores y mides el éxito de tus campañas.

Aquí te ofrezco una revisión de algunas de las plataformas más populares y cómo determinar cuál es la adecuada para ti.

Mailchimp

Mailchimp es, sin duda, la herramienta más popular para alojar newsletters. Fue con la que yo empecé mi primera newsletter (spoiler: la acabé dejando por precio, aunque aún la utilizo para algunos proyectos más pequeños).

Características principales:

- **Facilidad de uso**: Interfaz intuitiva ideal para principiantes.

- **Diseño** muy vistoso de sus correos.

- **Automatizaciones**: Permite crear secuencias de emails automáticos basadas en la actividad del suscriptor.

- **Análisis y reportes**: Ofrece reportes detallados que ayudan a medir la efectividad de tus campañas.

Ideal para: Pequeñas empresas y emprendedores que están empezando con newsletters y necesitan una solución robusta y fácil de manejar.

La pega: aunque es una de las mejores plataformas que existen, también es de las más caras. Personalmente me parece difícil de utilizar.

Precio: gratis hasta 1.000 suscriptores, luego planes desde 12 € al mes hasta 324 € al mes.

Substack

Substack es la plataforma más de moda hoy en día, por su facilidad de uso.

Permite a los escritores y creadores enviar newsletters directamente a sus suscriptores, con la posibilidad de monetizar su contenido a través de suscripciones pagadas.

Características Principales:

- **Publicación Sencilla:** Substack ofrece una interfaz intuitiva que facilita la creación y envío de newsletters. Puedes empezar a mandar correos en menos de 15 minutos.

- **Monetización Directa:** Los creadores pueden establecer suscripciones pagadas y Substack se encarga del procesamiento de pagos (llevándose una comisión).

- **Análisis Básico:** Proporciona estadísticas básicas sobre tasas de apertura y clics para ayudarte a entender cómo tus suscriptores interactúan con tu contenido.

- **Archivos Públicos:** Puedes mantener un archivo público de tus newsletters, creando una presencia web adicional.

Ventajas:

- **Facilidad de Uso:** Ideal para escritores y creadores que quieren concentrarse en el contenido sin preocuparse por la tecnología.

- **Modelo de Monetización Integrado:** Facilita la conversión de contenido gratuito en ingresos recurrentes a través de suscripciones.

- **Comunidad Creciente:** Substack tiene una comunidad activa y una red de newsletters que pueden atraer a nuevos lectores. Es decir, tu newsletter se promocionará a las personas que puedan estar interesadas en ella, permitiendo así un crecimiento orgánico.

Desventajas:

- **Funcionalidad Limitada:** Las herramientas de automatización y segmentación son básicas en comparación con otras plataformas de email marketing.

- **Comisiones:** Substack toma una comisión del 10% sobre las suscripciones pagadas, además de las tarifas de procesamiento de pagos de Stripe. Aunque facilita mucho la cosa, si vas a monetizar tu newsletter con una suscripción pagada (como hace por ejemplo mi hermano con su newsletter de Conalforjas) no te recomiendo Substack porque perderás muchos ingresos.

- **Control Limitado:** Menos personalización y control sobre el diseño y la entrega de los correos en comparación con plataformas más robustas.

Precio: Substack es totalmente gratis. Si decides monetizar tu newsletter con una suscripción pagada, se quedará con un 10% de tus ingresos.

MailerLite

MailerLite es una plataforma de email marketing que combina facilidad de uso con funcionalidades avanzadas. Es ideal para pequeñas y medianas empresas que necesitan herramientas poderosas pero accesibles para gestionar sus campañas de email.

Características Principales:

- **Diseño Intuitivo:** Editor de arrastrar y soltar para crear correos electrónicos atractivos sin necesidad de conocimientos técnicos.

- **Automatización Avanzada:** Ofrece flujos de trabajo de automatización que permiten personalizar las experiencias de los suscriptores basadas en sus comportamientos.

- **Segmentación Detallada:** Permite segmentar tu lista de suscriptores según varios criterios, mejorando la personalización.

- **Páginas de Aterrizaje y Formularios:** Integrados para captar suscriptores y realizar campañas de marketing completas.

- **Análisis y Reportes:** Proporciona estadísticas detalladas sobre tasas de apertura, clics, conversiones y más.

Ventajas:

- **Relación Calidad-Precio:** Ofrece un plan gratuito robusto y planes de pago asequibles con características avanzadas.

- **Facilidad de Uso:** Interfaz amigable con una curva de aprendizaje suave.

- **Herramientas Completas:** Combina herramientas de creación, automatización y análisis en una sola plataforma.

Desventajas:

- **Funcionalidades Avanzadas Limitadas en el Plan Gratuito:** Algunas funcionalidades más avanzadas están reservadas para los planes de pago.

- **Soporte Limitado en el Plan Gratuito:** El soporte prioritario está disponible solo para usuarios de planes pagos.

Precio: gratis hasta 1.000 suscriptores y después planes cuyo precio depende del número de suscriptores.

Mailrelay

Mailrelay es la plataforma que he usado durante años en mi newsletter principal, básicamente, no te voy a engañar, porque es gratis hasta 15.000 suscriptores.

Características Principales:

- Potentes funciones de automatización para campañas de marketing por correo electrónico.

- Ofrece un generoso plan gratuito que es muy superior a muchos de sus competidores.

- Capacidad para crear newsletters altamente personalizables y gestionar listas de suscriptores de forma eficiente.

Desventajas:

- Pocas posibilidades de diseño.

- Aprendizaje menos intuitivo que otras plataformas como Substack.

Precios:

- Cuenta gratuita con hasta 15,000 suscriptores y envío de 75,000 emails al mes.

- Planes superiores desde aproximadamente $41/mes dependiendo del volumen de suscriptores y emails.

Acumbamail

Características Principales:

- Plataforma española con soporte en español.

- Incluye herramientas de segmentación, automatización y personalización.

- Permite crear landing pages y formularios de suscripción.

Precios:

- Plan básico desde 9.99€ al mes para 2,000 suscriptores y 20,000 envíos al mes.

- Precios escalan con más funcionalidades y mayor capacidad de suscriptores y envíos.

GetResponse

Características Principales:

- Funcionalidades completas de automatización de marketing.

- Herramientas para crear webinars, landing pages, y encuestas.

- Ofrece soluciones de funnel de ventas y creación de contenidos visuales como banners.

Precios:

- Planes desde $15/mes para 1,000 suscriptores con funcionalidades básicas.

- Planes más avanzados con automatización y webinars desde $49/mes.

Beehiv

Características Principales:

- Foco en la colaboración del equipo con herramientas que permiten trabajar juntos en campañas.

- Ofrece una interfaz limpia y moderna que simplifica la creación de campañas de email.

- Incluye análisis en tiempo real y segmentación avanzada.

Precios:

- Ofrece un plan gratuito básico.

- Los planes de pago comienzan en $12 al mes y escalan según las necesidades de envío y las características requeridas.

Sendinblue (ahora se llama Brevo)

Características principales:

- **Marketing multi-canal**: Combina emails, SMS y mensajes en redes sociales.

- **Automatización avanzada**: Herramientas potentes para automatizar campañas basadas en datos detallados del comportamiento del usuario.

- **Precios basados en el volumen de emails**: Pagas por los emails que envías, no por el número de suscriptores.

Ideal para: Empresas que requieren una gestión integrada de marketing digital y buscan flexibilidad en la frecuencia de envío.

ActiveCampaign

Características principales:

- **Automatización de marketing**: Excelente para crear complejas secuencias de emails basadas en el comportamiento del usuario.

- **CRM integrado**: Combina la gestión de la relación con los clientes y el marketing por email en una sola plataforma.

- **Segmentación avanzada**: Permite una segmentación detallada de los contactos para personalizar al máximo las comunicaciones.

Ideal para: Negocios medianos a grandes que buscan sofisticación en automatización y necesitan un CRM integrado con sus esfuerzos de marketing por email.

Precio: aunque tienes un periodo de prueba gratuito, a diferencia de otras plataformas no tienen un plan gratuito hasta un límite de suscriptores. Precios desde 29€ al mes hasta 260€ al mes.

ConvertKit

Características principales:

- **Diseñado para creadores de contenido**: Enfocado en bloggers, youtubers y otros creadores digitales.

- **Automatizaciones fáciles de usar**: Herramientas sencillas para crear flujos de trabajo de email basados en acciones del suscriptor.

- **Interfaz de usuario limpia**: Una plataforma sin complicaciones con un diseño minimalista.

Ideal para: Creadores de contenido y blogueros que necesitan herramientas simples pero poderosas para gestionar sus suscriptores y automatizaciones.

Comparativa entre plataformas

Plataforma	Lo Mejor	Lo Peor	Gratis Hasta	Precios
Mailchimp	Amplia gama de herramientas de marketing integradas.	Puede ser costoso a medida que crece la lista.	2,000 suscriptores	Planes desde $9.99/mes.
Substack	Crecimiento orgánico.	Opciones de personalización limitadas.	Ilimitado (solo paga por suscriptores pagos)	10% de las suscripciones pagadas.
MailerLite	Fácil de usar, buen soporte al cliente.	Funciones limitadas en el plan gratuito.	1,000 suscriptores	Desde $10/mes para envíos ilimitados.
Mailrelay	Plan gratuito generoso, buena automatización.	Interfaz menos intuitiva.	15,000 suscriptores	Desde $41/mes para planes superiores.
Acumbamail	Soporte completo en español.	Menos conocida globalmente.	2,000 suscriptores	Desde 9.99€/mes para 20,000 envíos.
GetResponse	Solución completa para marketing digital.	Puede ser complejo para principiantes.	1,000 suscriptores	Desde $15/mes, más funcionalidades desde $49/mes.
Beehiv	Diseño moderno y colaboración en equipo.	Menos recursos comunitarios y soporte.	2,500 suscriptores	Desde $12/mes, según necesidades.
Brevo	Herramientas de análisis avanzadas.	Nuevo en el mercado, menos pruebas de eficacia a largo plazo.	300 correos al día	Precios personalizados según necesidades del cliente.
ActiveCampaig	Excelente para	Más caro que	No hay	Planes desde

Plataforma	Lo Mejor	Lo Peor	Gratis Hasta	Precios
n	automatización de marketing.	algunas alternativas.	plan gratuito	$29/mes para funcionalidades básicas.
ConvertKit	Ideal para creadores de contenido, interfaz amigable.	Más caro comparado con opciones similares.	1,000 suscriptores	Desde $29/mes para más de 1,000 suscriptores.

Cómo elegir la plataforma correcta

Antes de explorar las opciones, es importante entender qué necesitas de una plataforma de envío de newsletters. Considera los siguientes aspectos:

- **Tamaño de la lista de suscriptores**: Algunas plataformas son más adecuadas para listas grandes, mientras que otras son mejores para audiencias más pequeñas y manejables.

- **Frecuencia de envío**: ¿Necesitas enviar correos diarios, semanales o mensuales? Asegúrate de que la plataforma pueda gestionar tus necesidades de programación.

- **Tipo de contenido**: Si planeas incluir mucho contenido multimedia, necesitarás una plataforma que soporte y optimice este tipo de contenidos.

- **Automatización y segmentación**: Para campañas más complejas, busca herramientas que ofrezcan capacidades avanzadas de automatización y segmentación.

- **Facilidad de uso**: ¿Cuánto tiempo y esfuerzo estás dispuesto a invertir en aprender a usar la plataforma?

- **Precio**: Evalúa el costo en relación a tu presupuesto y al tamaño de tu lista de suscriptores.

- **Escalabilidad**: Considera si la plataforma puede crecer con tu negocio o proyecto.

- **Soporte al cliente**: ¿Ofrece la plataforma un soporte técnico accesible y recursos de ayuda (como tutoriales, foros de usuarios, etc.)?

Tomar la decisión correcta en cuanto a la plataforma de envío de emails puede marcar una gran diferencia en la efectividad de tu marketing por email y en la relación con tus suscriptores.

Tómate el tiempo necesario para evaluar cada opción y elegir la que mejor se alinee con tus objetivos y las necesidades de tu audiencia, aunque tampoco te vuelvas loco, siempre podrás cambiar.

En mi caso, por ejemplo, comencé mi newsletter de Donkey Motorbikes en Mailchimp. Me encantaba pero, cuando alcancé los 1.000 suscriptores aún no generaba ingresos como mi lista, así que decidí mudarme a Mailrelay, que es gratuita hasta 15.000 suscriptores. Cuando amplié a una temática un poco más general volví a mudarme, esta vez a Substack, sobre todo por su capacidad para crecer de manera orgánica sin necesidad de invertir dinero en publicidad o campañas.

9. EL EMAIL DE BIENVENIDA

El email de bienvenida es el primer punto de contacto entre tu newsletter y tus nuevos suscriptores.

Es una oportunidad importante para causar una buena primera impresión, establecer expectativas y comenzar a construir una relación sólida.

Es el primer mensaje que recibe un nuevo suscriptor después de registrarse en tu newsletter. Su objetivo principal es agradecerles por unirse, proporcionarles información valiosa y guiarles en los primeros pasos.

Te doy algunos consejos para tu primer correo:

1. **Agradecimiento:** un correo es tu bien más preciado, agradece al suscriptor por unirse a tu newsletter.

   "Gracias por suscribirte a nuestra newsletter. ¡Estamos encantados de tenerte a bordo!"

2. **Presentación Breve:** presenta brevemente tu empresa, marca o proyecto y lo que pueden esperar de tu newsletter.

   "En [Nombre de la Empresa], nos dedicamos a [breve descripción]. Cada semana, recibirás [tipo de contenido] para [beneficio principal]."

3. **Valor Inmediato:** si ofreciste un lead magnet para la suscripción, incluye un enlace para descargarlo o acceder a él.

   "Como prometimos, aquí tienes tu [nombre del lead magnet]. ¡Esperamos que lo encuentres útil!"

4. **Establecer Expectativas:** informa a los suscriptores sobre la frecuencia con la que recibirán tus correos.

"Te voy a enviar un correo electrónico cada [frecuencia] con [tipo de contenido]."

5. **Llamada a la Acción (CTA):** incluye una CTA clara que guíe al suscriptor hacia el siguiente paso, como explorar tu sitio web o seguirte en redes sociales.

   "Mientras tanto, no olvides seguirnos en nuestras redes sociales para estar al día con las últimas novedades."

6. **Intenta que te respondan:** para evitar que tus correos vayan a la bandeja de correo no deseado es muy importante que tu suscriptor te conteste.

   "Me encantaría saber que estás ahí, si quieres contéstame a este correo, aunque sea con un simple HOLA"

7. **Despedida y Firma:** termina con una despedida amigable y tu firma.

   "¡Gracias de nuevo por unirte a nosotros! Saludos, [Tu Nombre] de [Nombre de la Empresa]."

8. **P.D. Opcional:** añade una nota postdata para reforzar un punto importante o ofrecer un incentivo adicional.

   "P.D. No te pierdas nuestro próximo webinar sobre [tema], regístrate aquí."

Ejemplos de correos de bienvenida

Ejemplo 1: Trello

- **Saludo Personalizado:** "¡Hola [Nombre]!"

- **Agradecimiento:** "Gracias por unirte a Trello."

- **Introducción:** "Trello te ayuda a organizar tus proyectos de manera visual."

- **Valor Inmediato:** "Comienza con nuestro tutorial para principiantes aquí."

- **Establecer Expectativas:** "Recibirás nuestros mejores consejos y actualizaciones mensuales."

- **CTA:** "Explora nuestras plantillas más populares aquí."

- **Despedida y Firma:** "¡Feliz organización! El equipo de Trello."

- **P.S.:** "P.S. Únete a nuestra comunidad para obtener aún más consejos."

Ejemplo 2: Evernote

- **Saludo Personalizado:** "¡Hola [Nombre]!"

- **Agradecimiento:** "Gracias por registrarte en Evernote."

- **Introducción:** "Evernote es tu espacio para capturar ideas y mantenerte organizado."

- **Valor Inmediato:** "Descarga nuestra guía de inicio rápido aquí."

- **Establecer Expectativas:** "Te enviaremos consejos útiles y actualizaciones cada dos semanas."

- **CTA:** "Comienza explorando nuestra galería de plantillas."

- **Despedida y Firma:** "¡Felices notas! El equipo de Evernote."

- **P.S.:** "P.S. Síguenos en Twitter para obtener más trucos y consejos."

¿Cómo hacer un email de bienvenida?

Si has llegado hasta aquí mordiéndote las uñas porque todo esto te parece complicadísimo o, peor aún, porque crees que te vas a tener que currar un correo cada vez que un suscriptor se apunte a tu lista de correos, ya puedes respirar, la plataforma de email marketing que utilices se encargará de todo esto.

Eso sí, tienes que perder un ratito escribiendo tu primer correo. Una vez que hayas hecho uno, los demás los enviará automáticamente la plataforma, cada vez que alguien se suscriba a tu lista.

Por cierto, hay veces que no hablaremos de email de bienvenida, sino de una secuencia de bienvenida, que estará formada por varios emails enviados cada cierto tiempo.

- **Día 1:** Enviar el email de bienvenida con la presentación, el lead magnet y el CTA.

- **Día 3:** Enviar un segundo email con contenido adicional y recursos útiles.

- **Día 7:** Enviar un email de seguimiento para agradecer nuevamente y solicitar feedback.

A mí, personalmente, no me gusta hacer esto, ya que puedes quemar rápidamente a tu nuevo suscriptor, pero puede ser muy útil para ventas en caliente.

En resumen, el email de bienvenida es una pieza fundamental en tu estrategia de email marketing. Al diseñar un email de bienvenida efectivo, puedes causar una excelente primera impresión, proporcionar valor inmediato y guiar a tus nuevos suscriptores hacia una relación duradera con tu marca.

10. AUTOMATIZACIONES Y SECUENCIAS DE BIENVENIDA

Las automatizaciones en el contexto de las newsletters son herramientas que permiten enviar correos electrónicos a suscriptores de forma automatizada basándose en acciones específicas o temporizadores preestablecidos.

¿Te imaginas que tuvieras que mandar uno a uno un correo a cada suscriptor que se da de alta en tu lista? Quizá al principio, cuando tengas pocos suscriptores, te parece algo posible, pero imagina cuando tengas miles de suscriptores en tu lista.

Afortunadamente para eso existen las automatizaciones.

Las automatizaciones son secuencias de correo electrónico diseñadas para ser enviadas automáticamente cuando se activan ciertos disparadores (triggers).

Estos disparadores pueden ser comportamientos específicos de los suscriptores, como suscribirse a la lista, abrir un correo anterior, clicar en un enlace, o fechas significativas como cumpleaños o aniversarios.

Las automatizaciones pueden ser un poco complejas de configurar al principio, pero afortunadamente existen herramientas muy potentes que nos harán la vida más fácil:

1. **Configuración de disparadores:** Comienzas seleccionando un evento que activará la automatización. Por ejemplo, cuando alguien se suscribe a tu lista, puede ser el disparador para iniciar una secuencia de bienvenida.

2. **Diseño de la secuencia de correos:** Una vez que el disparador está configurado, diseñas una serie de correos electrónicos que se enviarán en un orden y ritmo específicos. Puedes personalizar el contenido de cada correo para responder al comportamiento del suscriptor que activó la automatización.

3. **Personalización y segmentación:** Las herramientas de automatización modernas permiten segmentar aún más a tus suscriptores, asegurando que los mensajes sean relevantes para cada grupo o individuo. Esto se hace utilizando datos sobre su comportamiento, demografía, y otras acciones registradas.

4. **Monitoreo y optimización:** Las plataformas de automatización generalmente ofrecen análisis detallados sobre el rendimiento de cada correo en la secuencia, lo que te permite hacer ajustes para mejorar las tasas de apertura, clics y conversión.

Herramientas para Automatizaciones de Newsletters

Para implementar efectivamente las automatizaciones en tus campañas de newsletters, necesitarás herramientas que no solo permitan configurar disparadores y secuencias de emails, sino que también ofrezcan análisis y segmentación robustos.

Aunque la mayoría de las plataformas de email marketing de las que ya hemos hablado las incluyen, te recomiendo algunas de las que yo he utilizado para diferentes proyectos.

1. Mailchimp:

Mailchimp es una de las plataformas de email marketing más conocidas y ofrece una amplia gama de herramientas para automatización, incluyendo disparadores basados en actividad del usuario, información de fecha, y cambios en datos de contacto.

2. ActiveCampaign:

Esta herramienta se destaca por sus capacidades avanzadas de automatización y CRM, que son ideales para negocios que buscan personalizar profundamente sus comunicaciones.

Incluye automatizaciones basadas en una amplia variedad de comportamientos del suscriptor, pruebas A/B dentro de las secuencias de automatización, y excelentes opciones de seguimiento y reporte.

3. ConvertKit:

Popular entre bloggers y creadores de contenido, ConvertKit facilita la automatización de newsletters y ofrece herramientas específicas para ayudar a los creadores a monetizar sus audiencias.

Cuenta con interfaces intuitivas, etiquetado sofisticado para segmentación, y fuertes funcionalidades de automatización basadas en eventos.

4. Sendinblue:

Sendinblue es una plataforma accesible que combina email marketing con SMS y chat en vivo, ideal para pequeñas y medianas empresas.

5. Zapier:

Zapier no es una herramienta de email marketing per se, sino una plataforma de automatización que conecta tus aplicaciones de email marketing con cientos de otros servicios en línea, facilitando la automatización de flujos de trabajo entre aplicaciones que de otra manera no se integrarían directamente.

Gracias a Zapier puedes conectar herramientas como Mailchimp, ActiveCampaign, y Sendinblue con otras aplicaciones como Salesforce, Google Sheets, y Slack para automatizar tareas como la actualización de listas de correo, el envío de notificaciones de suscripción a equipos de ventas, o la sincronización de nuevos contactos a tu CRM.

La principal ventaja de usar Zapier en el contexto de newsletters y email marketing es su capacidad para crear flujos de trabajo personalizados que pueden automatizar prácticamente cualquier proceso, reduciendo la necesidad de intervención manual y asegurando que los datos fluyan sin problemas entre plataformas.

Zapier ofrece miles de "Zaps" (automatizaciones preconstruidas), incluyendo muchos específicamente diseñados para el email marketing.

11.LA FRECUENCIA Y LA HORA DE ENVÍO

En el mundo de las newsletters, la elección de la frecuencia y el momento de envío puede tener un impacto significativo en la efectividad de tu comunicación.

En este capítulo te cuento las ventajas y las desventajas de elegir una mayor o menor frecuencia para el envío de tus correos y te daré consejos para elegir el día de la semana y la hora a la que enviarlos.

Frecuencia de envío

Si eres suscriptor de varias newsletters sabrás que cada una opta por una frecuencia diferente.

Hoy en día el email diario está muy de moda, sobre todo entre las newsletters de ventas o copywriting. Esto es así porque consideran que un impacto continuo acabará generando una venta.

En mi caso, suelo darme de baja de esas newsletters en cuanto detecto que el contenido se repite, ya que suelen cansarme.

Por otra parte, soy un acérrimo seguidor de la newsletter Kloshletter, de Charo Marcos, en la que resumen la actualidad del día. No me canso nunca de ella porque, de un vistazo, puedo enterarme de las principales noticias del día sin necesidad de leerme todos los periódicos.

Según el "Estudio de Newsletters 2024" de Chus Naharro, la mayoría de los creadores de newsletters opta por una **frecuencia semanal**.

Esto se debe a que permite mantener un contacto regular con los suscriptores sin saturar su bandeja de entrada.

Beneficios y desventajas de cada frecuencia

- **Diaria**: Ideal para temas de venta, copywriting, actualidad o contenido de corta duración. Beneficio: mantiene un alto nivel de enganche con el suscriptor. Desventaja: puede aumentar las tasas de desuscripción si el contenido no es constantemente de alto valor.

- **Semanal**: Es el equilibrio perfecto entre mantenerse relevante y no ser intrusivo. Beneficio: regularidad sin sobrecarga. Desventaja: puede ser desafiante mantener contenido fresco y de calidad cada semana.

- **Mensual**: Bueno para reportes detallados o compilaciones profundas. Beneficio: tiempo suficiente para producir contenido de alta calidad. Desventaja: riesgo de perder relevancia o conexión con la audiencia.

Día de la semana para el envío

Los días más populares para enviar newsletters son los **lunes y jueves**. Estos días son preferidos posiblemente debido a que los suscriptores están más receptivos al inicio y a mitad de la semana laboral.

- **Inicio de Semana (Lunes a Miércoles)**: Puede captar la atención de los suscriptores que organizan su semana. Beneficio: potencialmente alta tasa de apertura. Desventaja: alta competencia con otras newsletters.

- **Fin de Semana**: Menos común y puede ser una oportunidad para destacar. Beneficio: menos competencia en la bandeja de entrada. Desventaja: posiblemente menor engagement si los suscriptores están menos enfocados en el trabajo.

Mi recomendación es que elijas un día fijo para enviar tu newsletter, esto educará a tu audiencia y sabrá cuando esperarte (y te echará de menos cuando faltes en su bandeja).

Por otra parte, cada tipo de contenido tiene su día ideal. Si por ejemplo vas a hablar de productividad o de organización, es probable que el lunes sea tu día preferido, ya que permitirás a tu audiencia organizar la semana desde el principio con tus consejos.

Si, por el contrario, tu temática es de ocio y planes al aire libre, es probable que el mejor día de la semana para enviar tu correo sea el viernes, ya que permitirás que tu audiencia organice su fin de semana con algo de antelación.

Hora del día para el envío

Las horas más comunes de envío son **entre las 7 y las 9 de la mañana**, coincidiendo con el inicio del día laboral en muchas culturas.

Esta tendencia se sostiene ya que muchas personas revisan sus correos electrónicos al comenzar su jornada.

Personalmente es lo que te recomiendo, aunque vas a encontrar mucha más competencia, por la tarde solemos consultar mucho menos el correo.

- **Mañanas (6 am a 9 am)**: Captura a los suscriptores que revisan su correo al comenzar el día. Beneficio: alto engagement inicial. Desventaja: los correos pueden perderse en el tráfico matutino de la bandeja de entrada.

- **Mediodía (12 pm a 2 pm)**: Puede captar a las personas durante su descanso del mediodía. Beneficio: menos competencia en la bandeja de entrada. Desventaja: posible distracción debido a actividades de descanso o almuerzo.

- **Tarde (5 pm a 7 pm)**: captarás a quienes revisan su correo al finalizar el día. Beneficio: menor competencia. Desventaja: fatiga del día puede afectar el enganche.

En resumen, no existe una "talla única" cuando se trata de la frecuencia y el horario de envío de newsletters. La clave está en conocer a tu audiencia y adaptar el ritmo y el tiempo de tus envíos para maximizar el engagement sin sobrecargar a tus suscriptores. Experimentar y ajustar basado en la retroalimentación y el análisis de datos es esencial para encontrar el equilibrio perfecto.

SECCIÓN 3: GESTIONA TU NEWSLETTER

¿Te está gustando el libro?

Ya llevamos casi medio libro juntos, sentados mano a mano creando tu newsletter y como ya tenemos algo de confianza me gustaría pedirte un favor.

Me encantaría que me dijeras si te está gustando el libro. Para mí, que estoy empezando en esto de publicar libros, me será de una ayuda enorme, ya que así conseguiré llegar a más gente. Además, me encanta saber que hay alguien al otro lado al que le estén sirviendo estos conocimientos.

Para ello te pido una reseña honesta en Amazon, sólo tienes que leer el siguiente código QR con tu móvil y te llevará directamente a la página de reseñas de Amazon.

Muchísimas gracias de antemano.

12. AMPLIANDO TU LISTA DE SUSCRIPTORES

La captación de suscriptores es uno de los desafíos más significativos al lanzar una nueva newsletter.

Te voy a contar las estrategias que a mí me han funcionado a lo largo de los años para ir aumentando mis listas de correo. De antemano te aviso que cada técnica funciona mejor para una temática.

Es importante que te grabes esto a fuego:

Es mejor tener pocos suscriptores comprometidos que muchísimos poco filtrados.

Te recuerdo el caso de la influencer con 2,5 millones de seguidores que no consiguió vender 36 camisetas.

1. Ofrece contenido de valor

- **Lead Magnets (regalos)**: Proporciona algo de valor a cambio de direcciones de correo electrónico. Esto puede ser un eBook gratuito, una plantilla, un webinar exclusivo o un descuento. Asegúrate de que lo que ofreces es relevante y valioso para tu audiencia objetivo.

    No te recomiendo que te pases con el valor del lead magnet o correrás el riesgo de que se apunten a tu lista sólo por el regalo y que se den de baja al poco tiempo.

    Recuerda que lo verdaderamente importante es tu contenido.

2. Utiliza formularios de suscripción efectivos

- **Ubicación estratégica**: Coloca formularios de suscripción en tu sitio web donde sean fácilmente visibles: en la cabecera, al final de los artículos, o como un pop-up.

- **Simplicidad**: Pide solo la información esencial, como el correo electrónico. Cuantos menos campos tengan que llenar, más probable será que se suscriban.

3. Promoción en redes sociales

- **Publicaciones regulares**: Utiliza tus redes sociales para hablar sobre tu newsletter y los beneficios de suscribirse. Comparte snippets o previews de lo que ofreces.

- **Campañas de anuncios pagados**: Considera invertir en anuncios en plataformas como Facebook o Instagram para llegar a una audiencia más amplia.

4. Colaboraciones y menciones cruzadas

- **Colabora con otros creadores**: Participa en intercambios de contenido o menciones cruzadas con newsletters o blogs que tengan una audiencia similar. Esto puede proporcionar una exposición mutuamente beneficiosa.

5. Optimización para motores de búsqueda (SEO)

- **Contenido optimizado**: Asegúrate de que tu sitio web y tus posts de blog estén optimizados para SEO para atraer tráfico orgánico. Los visitantes que lleguen a tu sitio a través de búsquedas tienen más probabilidades de interesarse por suscribirse si encuentran contenido útil y relevante.

6. Eventos y webinars

- **Organiza o participa en eventos**: Los eventos online, como webinars o talleres, son excelentes oportunidades para promocionar tu newsletter. Ofrece a los asistentes la oportunidad de suscribirse durante el registro o al final del evento.

7. Uso de testimonios

- **Incluye testimonios**: Si ya tienes suscriptores satisfechos, incluye sus testimonios en tu página de suscripción. Las pruebas sociales pueden aumentar la confianza en tu newsletter.

Una vez más, no te vuelvas loco o loca con el tamaño de tu lista. Es siempre mejor crecer poco a poco, de manera orgánica, con personas realmente interesadas en tu contenido, que gastarse un dineral en una campaña de Facebook en la que regales algo de muchísimo valor y se te llene la lista de mirones que, ni están verdaderamente interesados en tu contenido ni te van a comprar una simple camiseta.

En mi caso, ya he perdido la cuenta de las newsletters a las que me he apuntado porque daban un curso gratuito que:

1. Jamás hice el curso.
2. Me di de baja al tercer correo.

13. ¿EL TAMAÑO IMPORTA?

En el mundo de las newsletters, como en cualquier otro negocio, el tamaño sí importa.

Pero no se trata solo de acumular una gran cantidad de suscriptores, sino de encontrar el equilibrio perfecto entre volumen y calidad.

Siempre surge una pregunta recurrente: ¿Cuántos suscriptores necesitas realmente para comenzar a monetizar una newsletter?

Lamentablemente, no hay una fórmula secreta que te diga el número exacto de suscriptores que necesitas para alcanzar la monetización.

La clave está en la calidad, no en la cantidad.

Tener una lista grande de suscriptores desinteresados no te llevará a ningún lado. En cambio, un grupo más pequeño de lectores verdaderamente comprometidos contigo que estén deseando verte en su bandeja de entrada es algo muy valioso.

Para determinar si tu newsletter está lista para la monetización, debes prestar atención a métricas que van más allá del número de suscriptores:

- **Tasa de apertura:** El porcentaje de suscriptores que abren tu newsletter. Un buen indicador del interés que genera tu contenido.

- **Tasa de clics (CTR):** El porcentaje de suscriptores que hacen clic en los enlaces de tu newsletter. Mide la efectividad de tu llamado a la acción.

- **Tasa de conversión:** El porcentaje de suscriptores que realizan la acción deseada, como comprar un producto o suscribirse a un servicio. El objetivo final de tu newsletter.

Según algunos estudios, una **tasa de apertura del 20%** o más y una **tasa de clics del 2%** o más son indicadores de una newsletter saludable y con potencial para ser monetizada.

Sin embargo, no olvides que esto son solo referencias. Lo importante es que analices tus propias métricas y compares tu rendimiento con el de newsletters similares en tu nicho.

No te obsesiones con aumentar tu lista de suscriptores a toda costa. Enfócate en crear contenido de calidad que atraiga y retenga a lectores leales.

De cualquier moto, no necesitas una lista de suscriptores gigantesca para poderla monetizar. La clave no está en la cantidad, sino en el compromiso y la especialización de tu audiencia.

Por ejemplo, una newsletter dirigida a un nicho muy específico como la inversión en oro puede ser extremadamente valiosa para los anunciantes y patrocinadores, incluso si solo cuenta con unos cientos de suscriptores. Y me puedo imaginar que un anunciante que se dedique a invertir en oro puede pagar muy bien por un patrocinio.

Esto se debe a que los anunciantes pagan por la calidad del acceso a un mercado específico más que por la mera exposición a una audiencia masiva.

En resumen, monetizar una newsletter no requiere necesariamente una audiencia del tamaño de un estadio. Lo que realmente necesitas es una audiencia comprometida y bien definida, independientemente de su tamaño. En este contexto, menos puede ser definitivamente más.

14. PROMOCIONA TU NEWSLETTER

Aunque ya hemos tocado estrategias para hacer crecer tu lista de correo, he querido resumir en un nuevo capítulo las acciones que puedes implementar para promocionar tu newsletter y atraer a nuevos suscriptores.

Siento ser pesado pero te lo vuelvo a repetir: no intentes crecer tu lista a lo loco, correrás el peligro de captar suscriptores irrelevantes que nunca te comprarán nada y se darán de baja a la mínima de cambio.

Ahora sí, te cuento cuáles son las estrategias que mejor funcionan para hacer crecer tu lista:

1. Optimiza tu página de suscripción

Esto es obligatorio. Tu página de suscripción es el primer punto de contacto con posibles suscriptores. Debe ser atractiva, informativa y fácil de usar.

Estrategias:

- **Diseño atractivo:** Asegúrate de que la página tenga un diseño limpio y profesional.

- **Texto Claro y Conciso:** Explica brevemente los beneficios de suscribirse y qué tipo de contenido recibirán.

- **Llamada a la Acción (CTA):** Utiliza un CTA claro y convincente que motive a los visitantes a suscribirse.

- **Pruebas A/B:** Experimenta con diferentes diseños, textos y CTAs para ver cuál genera más conversiones.

2. Promoción en Redes Sociales

Las redes sociales son una herramienta poderosa para promocionar tu newsletter y llegar a una audiencia más amplia.

Estrategias:

- **Contenido regular:** Publica regularmente sobre tu newsletter en todas tus plataformas de redes sociales. Comparte extractos interesantes de tu newsletter o testimonios de suscriptores satisfechos para atraer a nuevos lectores.

- **Historias y posts:** Utiliza historias de Instagram, posts en Facebook y tweets en Twitter para destacar los beneficios de tu newsletter.

- **Grupos y comunidades:** Participa en grupos de LinkedIn, Facebook o foros relacionados con tu nicho y comparte enlaces a tu newsletter.

- **Anuncios pagados:** Considera utilizar anuncios pagados en redes sociales para llegar a una audiencia específica.

3. Colaboraciones y menciones cruzadas

Colaborar con otros creadores de contenido o newsletters se ha convertido en algo muy habitual y puede ayudarte a llegar a una audiencia que ya está interesada en tu nicho.

Estrategias:

- **Intercambio de menciones:** Acuerda con otros creadores mencionar mutuamente las newsletters en sus respectivos envíos.

- **Artículos invitados:** Escribe artículos invitados en blogs populares de tu nicho y incluye un enlace a tu newsletter.

- **Entrevistas y podcasts:** Participa en entrevistas y podcasts y menciona tu newsletter como un recurso valioso.

4. Regalos y Lead Magnets

Ofrecer incentivos o lead magnets es una excelente manera de motivar a los visitantes a suscribirse a tu newsletter. No ofrezcas regalos de demasiado valor o atraerás a moscas a la miel, cuando se coman la miel se irán por donde han venido (dándose de baja de tu lista de correo).

Estrategias:

- **Ebooks gratis:** Ofrece un ebook gratuito a cambio de una suscripción.

- **Descuentos y ofertas:** Proporciona descuentos exclusivos o ofertas especiales para nuevos suscriptores.

- **Acceso a contenidos exclusivos:** Da acceso a contenido exclusivo, como webinars, guías detalladas o reportes especiales.

5. SEO y blogging

Optimizar tu contenido para motores de búsqueda puede atraer tráfico orgánico a tu página de suscripción.

Estrategias:

- **Palabras clave:** Utiliza palabras clave relevantes en tu página de suscripción y en tus publicaciones de blog.

- **Contenido de calidad:** Publica contenido de alta calidad en tu blog que sea relevante para tu audiencia y que incluya CTAs para suscribirse. Escribe artículos de blog que aborden temas populares en tu nicho y enlaza a tu página de suscripción.

- **Enlaces internos y externos:** Incluye enlaces internos a tu página de suscripción desde otras páginas de tu sitio web y busca enlaces externos de sitios relevantes.

6. Marketing por email

Utilizar tu lista de contactos actual puede ayudarte a atraer más suscriptores.

Estrategias:

- **Invitaciones:** Envía correos electrónicos invitando a tus contactos a suscribirse a tu newsletter. Crea una campaña de email para promocionar tu newsletter y destaca los beneficios de suscribirse.

- **Boletines de noticias:** Incluye un enlace para suscribirse a tu newsletter en tus correos electrónicos regulares y firmas de email.

- **Referencias:** Anima a tus suscriptores actuales a invitar a amigos y colegas a unirse a tu lista.

7. Eventos y webinars

Organizar eventos y webinars puede ser una excelente manera de captar nuevos suscriptores interesados en tu contenido.

Estrategias:

- **Promoción del evento:** Promociona tus eventos a través de redes sociales, blogs y colaboraciones. Utiliza herramientas como Zoom para webinars y Eventbrite para gestionar registros y suscripciones.

- **Registro para el evento:** Requiere que los participantes se suscriban a tu newsletter para registrarse en el evento.

- **Contenido de valor:** Ofrece contenido valioso durante el evento que anime a los asistentes a quedarse suscritos.

8. Publicidad Pagada

La publicidad pagada puede ayudarte a llegar a una audiencia más amplia de manera rápida y efectiva, aunque puede atraer a suscriptores de poco valor que se den de baja rápidamente.

Estrategias:

- **Anuncios en redes sociales:** Utiliza Facebook Ads, Instagram Ads o LinkedIn Ads para promocionar tu newsletter. Configura una campaña de Facebook Ads dirigida a audiencias interesadas en tu nicho y mide el retorno de la inversión.

- **Google Ads:** Crea campañas de Google Ads para atraer tráfico a tu página de suscripción.

- **Anuncios nativos:** Coloca anuncios en plataformas como Outbrain o Taboola que se integren bien con el contenido de los sitios web.

9. Participación en Foros y comunidades online

Participar activamente en foros y comunidades online puede ayudarte a promocionar tu newsletter a una audiencia interesada.

Estrategias:

- **Foros relevantes:** Participa en foros relacionados con tu nicho, como Reddit, Quora, y otros foros especializados. Responde preguntas en los foros relacionadas con tu nicho y menciona tu newsletter como una fuente adicional de información.

- **Valor añadido:** Ofrece respuestas útiles y valiosas en los foros, y luego menciona tu newsletter como una fuente adicional de información.

- **Firma del foro:** Incluye un enlace a tu newsletter en la firma de tus publicaciones en foros.

10. Uso de herramientas de referidos

Los referidos consisten en recomendaciones de tus propios suscriptores, que pueden ganar recompensas por hacerlo.

Las herramientas de referidos pueden ayudarte a crear programas de recomendación efectivos para tu newsletter.

Estrategias:

- **Programas de recompensas:** Crea un programa de recompensas donde los suscriptores actuales reciben incentivos por referir a nuevos suscriptores. Utiliza SparkLoop para crear un programa de referidos donde los suscriptores pueden ganar descuentos o acceso a contenido exclusivo por referir a amigos.

- **Herramientas de referencia:** Utiliza herramientas como SparkLoop o ReferralCandy para gestionar y rastrear las referencias.

- **Promoción del programa:** Promociona tu programa de referencia en tus newsletters y en tu página de suscripción.

11. Integración con tu sitio web y blog

Integrar tu newsletter en tu sitio web y blog puede ayudarte a captar suscriptores de manera más efectiva.

Estrategias:

- **Formularios de suscripción:** Coloca formularios de suscripción en áreas prominentes de tu sitio web y blog, como la barra lateral, el pie de página y al final de las publicaciones. Utiliza herramientas como Sumo o OptinMonster para crear formularios de suscripción y pop-ups en tu sitio web.

- **Pop-ups y Banners:** Utiliza pop-ups y banners en tu sitio web para captar la atención de los visitantes y motivarlos a suscribirse.

- **Contenido Relacionado:** Incluye CTAs en tus publicaciones de blog que dirijan a los lectores a suscribirse a tu newsletter.

12. Prensa y publicidad en medios

La cobertura mediática puede aumentar la visibilidad de tu newsletter y atraer nuevos suscriptores.

Estrategias:

- **Notas de Prensa:** Envía notas de prensa a medios de comunicación relevantes para anunciar el lanzamiento o hitos importantes de tu newsletter.

- **Artículos de invitados:** Escribe artículos de invitados para publicaciones conocidas y menciona tu newsletter en tu biografía de autor.

- **Entrevistas:** Participa en entrevistas con blogs, podcasts y otros medios relevantes y menciona tu newsletter.

13. Utilizar Pop-ups de salida

Los pop-ups de salida aparecen cuando un usuario está a punto de abandonar tu sitio web, ofreciendo un mensaje personalizado para captar su atención.

Estrategias:

- Configura el pop-up para que aparezca cuando los visitantes intenten salir del sitio. Utiliza herramientas como OptinMonster para crear pop-ups de salida.

- Cuidado, puede ser molesto si no se implementa correctamente.

- Diseña un mensaje atractivo que ofrezca un incentivo para suscribirse.

- Por ejemplo, utiliza pop-ups de salida para ofrecer un descuento del 10% a los visitantes que se suscriben a su newsletter.

14. Crear una página de aterrizaje (Landing Page)

Una página de aterrizaje dedicada exclusivamente a convertir visitantes en suscriptores es una herramienta efectiva para captar nuevos suscriptores.

Estrategias:

- Diseña la página con un CTA claro y atractivo. Utiliza herramientas como MailerLite para crear páginas de aterrizaje.

- Promociona la página de aterrizaje en tu sitio web y redes sociales.

En resumen, como habrás podido ver (y espero no haberte abrumado con tantas opciones) promocionar tu newsletter de manera efectiva requiere una combinación de estrategias.

Desde la optimización de tu página de suscripción y el uso de redes sociales hasta colaboraciones y publicidad pagada, cada táctica puede ayudarte a atraer nuevos suscriptores y expandir tu audiencia.

15. EL FAMOSO LEAD MAGNET

Un lead magnet es un incentivo o regalo gratuito que ofreces a cambio de la dirección de correo electrónico del visitante. Los lead magnets están diseñados para proporcionar valor inmediato a los visitantes, incentivándolos a suscribirse a tu newsletter.

Los lead magnets pueden ser guías PDF, listas de verificación, mini ebooks, plantillas, calendarios, entre otros.

Me gusta pensar en los lead magnets como la miel que atrae a las moscas (perdón a mis suscriptores), es importante que tengan el poder suficiente para atraer, pero no puedes olvidarte de cerrar la tapa para atraparlos con un contenido de calidad.

Si sólo se suscriben a tu lista por el regalo pero no se quedan por tu contenido, el esfuerzo no habrá valido para nada.

No te recomiendo regalar algo con un valor excesivo, como por ejemplo un curso de mucho valor con varios capítulos, ya que es probable que el suscriptor consuma el curso y luego se dé de baja al terminar.

Está más que demostrado que la mayoría de los lead magnets no se consume, sobre todo si son de un gran valor. Por ejemplo, si regalas un completo ebook de 200 páginas, es poco probable que alguien lo vaya a leer entero, ya que el suscriptor no le dará el valor suficiente (al fin y al cabo el precio que le has puesto es cero).

Te lo dice alguien que regala un libro de 200 páginas de mecánica… Tengo que darle una vuelta a esto.

Por último, nunca regales a tus nuevos suscriptores algo por lo que suscriptores más antiguos hayan pagado previamente (como por ejemplo un ebook que antes vendías y ahora regalas). ¿No te molesta muchísimo cuando tu compañía telefónica ofrece a nuevos clientes descuentos que a ti, que llevas años pagando religiosamente mes a mes, nunca te ofrece? Pues eso.

A continuación, te daré algunas ideas de lead magnets que puedes utilizar para captar a tu audiencia.

1. Ebooks y guías:

- **Descripción:** Documentos extensos que profundizan en un tema específico relevante para tu audiencia.

- **Ejemplo:** "Guía Completa para el Marketing de Contenidos en 2024".

2. Listas de verificación (checklists):

- **Descripción:** Listas simples que ayudan a los usuarios a asegurarse de que no olvidan ningún paso importante.

- **Ejemplo:** "Lista de Verificación para el Lanzamiento de un Producto".

3. Plantillas:

- **Descripción:** Documentos prediseñados que los usuarios pueden personalizar según sus necesidades.

- **Ejemplo:** "Plantilla de Plan de Marketing".

4. Calendarios y planificadores:

- **Descripción:** Herramientas que ayudan a los usuarios a organizar y planificar su tiempo o proyectos.

- **Ejemplo:** "Calendario Editorial de Redes Sociales".

5. Mini Cursos por Email:

- **Descripción:** Series de correos electrónicos que enseñan un tema específico durante varios días o semanas.

- **Ejemplo:** "Curso de 7 Días para Mejorar tu SEO".

6. Webinars y seminarios:

- **Descripción:** Eventos en vivo o grabados que proporcionan información valiosa y permiten la interacción en tiempo real.

- **Ejemplo:** "Webinar sobre Estrategias de Growth Hacking".

7. Estudios de caso:

- **Descripción:** Documentos detallados que muestran cómo has resuelto un problema específico para un cliente.

- **Ejemplo:** "Estudio de Caso: Cómo Aumentamos las Conversiones en un 50%".

8. Informes y Whitepapers:

- **Descripción:** Documentos detallados que ofrecen un análisis profundo sobre un tema específico.

- **Ejemplo:** "Informe anual sobre tendencias de marketing digital".

9. Acceso a contenidos exclusivos:

- **Descripción:** Artículos, videos, o podcasts que no están disponibles públicamente.

- **Ejemplo:** "Acceso exclusivo a entrevistas con líderes de la industria".

10. Descuentos y ofertas especiales:

- **Descripción:** Ofertas exclusivas para nuevos suscriptores.

- **Ejemplo:** "10% de descuento en tu primera compra".

11. Quiz y evaluaciones:

- **Descripción:** Cuestionarios que proporcionan resultados personalizados basados en las respuestas del usuario.

- **Ejemplo:** "Quiz: ¿Qué estrategia de marketing es la mejor para tu negocio?".

12. Acceso a grupos o comunidades privadas:

- **Descripción:** Invitaciones a unirse a grupos exclusivos en plataformas como Facebook o Slack.

- **Ejemplo:** "Únete a nuestro grupo privado de emprendedores en Facebook".

13. Modelos y ejemplos:

- **Descripción:** Documentos que muestran ejemplos de cómo se debe hacer algo.

- **Ejemplo:** "Ejemplos de emails efectivos para campañas de marketing".

14. Software o herramientas gratuitas:

- **Descripción:** Acceso a herramientas o software gratuitos que pueden ayudar a los usuarios en su trabajo.

- **Ejemplo:** "Prueba gratuita de 30 días de nuestra herramienta de gestión de proyectos".

15. Boletines informativos exclusivos:

- **Descripción:** Suscripción a una versión premium de tu newsletter con contenido adicional.

- **Ejemplo:** "Suscríbete a nuestro boletín exclusivo para recibir consejos semanales de expertos".

16. Recursos descargables:

- **Descripción:** Materiales descargables que pueden ser útiles para tu audiencia.

- **Ejemplo:** "Recursos para el diseño de presentaciones efectivas".

17. Concursos y sorteos:

- **Descripción:** Ofrecer la oportunidad de ganar algo a cambio de suscribirse.

- **Ejemplo:** "Participa en nuestro sorteo mensual y gana una suscripción anual a nuestra herramienta".

18. Tutoriales en video:

- **Descripción:** Videos que muestran cómo realizar una tarea específica.

- **Ejemplo:** "Tutorial en video: cómo crear un blog exitoso".

19. Podcasts exclusivos:

- **Descripción:** Acceso a episodios de podcast exclusivos solo para suscriptores.

- **Ejemplo:** "Episodio exclusivo del podcast con expertos en marketing".

20. Boletines personalizados:

- **Descripción:** Newsletters adaptadas a los intereses específicos del suscriptor.

- **Ejemplo:** "Boletín personalizado según tus preferencias de contenido".

16. ESTRATEGIAS DE CONTENIDO

Determinar qué compartir y con qué frecuencia son decisiones clave que pueden influir significativamente en el éxito de tu newsletter.

Para ello debemos tener algunos puntos claros:

1. Definir el contenido basado en los intereses de la audiencia:

- **Conocer a tu audiencia:** Utiliza la información recogida sobre tus suscriptores para adaptar el contenido a sus intereses. Encuestas, feedback directo y análisis de interacciones pasadas son herramientas útiles para comprender qué temas valoran más tus lectores.

- **Variedad y relevancia:** Alterna entre diferentes tipos de contenido, como artículos de fondo, consejos prácticos, actualizaciones de la industria, y estudios de caso. Asegúrate de que todo lo que compartes aporte valor y sea relevante para tus suscriptores.

2. Determinar la frecuencia de envío:

- **Expectativas de los suscriptores:** Considera la frecuencia con la que tus suscriptores esperan recibir noticias tuyas. Esto varía según el nicho y el tipo de contenido. Por ejemplo, una newsletter de noticias financieras podría requerir una frecuencia diaria, mientras que una de consejos de jardinería podría ser semanal o mensual.

- **Capacidad de producción de contenido:** Evalúa tus recursos y capacidad para producir contenido de calidad. Es mejor enviar menos frecuentemente y mantener una alta calidad que comprometer la integridad de tu newsletter con envíos apresurados o superficiales.

3. Pruebas y ajustes:

- **Experimentación:** No temas experimentar con diferentes frecuencias para descubrir qué funciona mejor para tu audiencia. Monitorea las métricas de participación como las tasas de apertura y de clics para evaluar el impacto de los cambios.

- **Feedback continuo:** Fomenta que tus suscriptores te den su opinión sobre la frecuencia de envío y el tipo de contenido. Esto no solo puede ayudarte a ajustar tu estrategia, sino también a hacer que los suscriptores se sientan parte del proceso.

4. Consistencia:

- **Cumplir con el compromiso:** Una vez que elijas una frecuencia de envío, es importante adherirse a ella (aunque al principio hagas pruebas). La consistencia ayuda a construir expectativas y establecer un hábito en tus suscriptores, lo cual puede fortalecer la lealtad y mejorar las tasas de retención. Tus suscriptores sabrán cuándo esperarte en su bandeja de entrada y te echarán de menos si no llega tu correo.

Ideas de contenido que enganchen

Crear contenido que enganche y mantenga interesados a tus lectores es una parte fundamental para el éxito de cualquier newsletter.

Tu público tiene que tener ganas de recibir tu correo, para ello puedes enviar contenido que no termine en un solo correo, sino que se prolongue a través de una serie de correos, de manera que el suscriptor se quede con el gusanillo de recibir el siguiente correo.

Hay muchas opciones de contenido secuencial, te doy a continuación algunas ideas:

1. Contenido educativo y formativo:

- **Tutoriales y guías paso a paso:** Ofrece contenido que eduque a tus lectores sobre temas específicos relacionados con tu nicho. Por ejemplo, si tu newsletter es sobre fotografía, podrías incluir tutoriales sobre técnicas de fotografía o edición que se extiendan durante varios correos.

- **Webinars y cursos cortos:** Anuncia y ofrece webinars o series de aprendizaje que aborden temas de interés profundo para tus suscriptores. En cada correo puedes informar sobre el título de la siguiente clase, incluso incluir una breve descripción que enganche al lector y despierte su interés por recibir el siguiente correo.

2. Contenido de entretenimiento:

- **Historias y anécdotas personales:** Compartir tus experiencias personales o historias interesantes relacionadas con tu campo puede hacer que tu contenido sea más atractivo.

- **Concursos y encuestas:** Engancha a tus lectores con actividades interactivas. Por ejemplo, puedes hacer concursos de fotografía o encuestas sobre preferencias en ciertos temas.

3. Actualizaciones y noticias del sector:

- **Resúmenes de noticias:** Ofrece un resumen de las últimas noticias en tu industria, especialmente aquellas que pueden tener un impacto directo sobre tus lectores.

- **Análisis de tendencias:** Proporciona insights sobre las tendencias emergentes y lo que significan para tu comunidad.

4. Contenido inspiracional:

- **Casos de éxito y testimonios:** Comparte historias de éxito de personas conocidas en tu industria o incluso de tus propios suscriptores.

- **Citas y reflexiones motivacionales:** Incluye contenido que inspire y motive a tus lectores, especialmente útil para newsletters enfocadas en desarrollo personal o empresarial.

5. Consejos prácticos y recursos:

- **Listas de recursos:** Ofrece listas de herramientas, libros, aplicaciones o sitios web que pueden ser útiles para tus lectores.

- **Consejos rápidos:** Publica consejos breves y prácticos que los lectores puedan aplicar de inmediato.

6. Participación de la comunidad:

- **Preguntas y respuestas:** Dedica una sección de tu newsletter a responder preguntas de tus suscriptores o invitar a expertos para sesiones de Q&A.

- **Proyectos colaborativos:** Anima a tus suscriptores a contribuir con su propio contenido o ideas que puedan ser destacadas en futuras ediciones.

En resumen, variar el tipo de contenido no solo ayuda a mantener el interés de tus lectores, sino que también aumenta la posibilidad de que interactúen más con tu newsletter.

Experimentar con diferentes formatos y tipos de contenido te permitirá descubrir qué le gusta más a tu audiencia, permitiéndote ajustar tu estrategia de contenido.

17. ANÁLISIS Y MÉTRICAS

El análisis de las métricas de tus newsletters es fundamental para entender qué está funcionando, qué no, y cómo puedes mejorar tus envíos futuros.

Hay muchas métricas distintas y tampoco debemos caer en la parálisis por análisis por lo que elige sólo los indicadores que verdaderamente te interesen.

Tamaño de la lista:

- **Qué es:** El número total de suscriptores a tu newsletter.

- **Cómo interpretarla:** Un indicador del alcance potencial de tu contenido. Es fundamental para captar patrocinios y anunciantes.

Tasa de apertura (Open Rate):

- **Qué es:** La tasa de apertura representa el porcentaje de suscriptores que abren tu newsletter. Es un indicador inicial de cuán atractivos son tus asuntos y el interés general en tu marca.

- **Cómo interpretarla:** Una tasa de apertura baja puede indicar que tus líneas de asunto no son suficientemente convincentes o que estás enviando correos demasiado frecuentes. Considera ajustar tus líneas de asunto o experimentar con diferentes horarios de envío.

Tasa de clics (Click-Through Rate, CTR):

- **Qué es:** La tasa de clics mide el porcentaje de suscriptores que han clicado en al menos un enlace dentro de tu newsletter. Es un indicador directo del interés que tu contenido genera.

- **Cómo interpretarla:** Un CTR bajo puede sugerir que el contenido no es relevante o atractivo para tus suscriptores. Prueba diferentes formatos de contenido, ofertas, o segmenta tu lista para enviar contenido más personalizado.

Tasa de conversión:

- **Qué es:** La tasa de conversión indica el porcentaje de suscriptores que realizaron una acción deseada (como hacer una compra o registrarse para un evento) después de clicar en un enlace de tu newsletter.

- **Cómo interpretarla:** Si tienes un CTR alto pero una tasa de conversión baja, puede ser un indicativo de que tus llamados a la acción no están alineados con las expectativas de los suscriptores o que la página de destino no está optimizada.

Tasa de rebote:

- **Qué es:** El porcentaje de correos electrónicos que no se pueden entregar o que son rechazados por los servidores de destino. Un indicador de problemas de entregabilidad o de baja calidad de la lista de suscriptores.

- **Cómo interpretarla:** una mala configuración de tu plataforma de email marketing puede estar mandando tus correos a la bandeja de spam o directamente no entregándolos. Es sano hacer de vez en cuando una limpia de tu lista de suscriptores, eliminando los que devuelvan tus correos.

Tasa de baja (Unsubscribe Rate):

- **Qué es:** Muestra el porcentaje de suscriptores que cancelan su suscripción después de recibir tu newsletter.

- **Cómo interpretarla:** Una tasa de baja alta puede ser una señal de que tu contenido no está resonando con tu audiencia, que estás enviando correos demasiado frecuentemente, o que no estás segmentando adecuadamente.

Tasa de crecimiento de suscriptores:

- **Qué es:** Mide el ritmo al que tu lista de suscriptores está creciendo, restando las bajas y desuscripciones.

- **Cómo interpretarla:** Un crecimiento lento o negativo puede indicar problemas con la adquisición de suscriptores o retención. Considera estrategias para mejorar la adquisición y la calidad del contenido para retener a los suscriptores existentes.

Retorno de la inversión (ROI):

- **Qué es:** La relación entre los ingresos generados por tu newsletter y los costes asociados a su creación y envío.

- **Cómo interpretarla:** Mide la rentabilidad de tu inversión.

Clics por apertura (CTOR):

- **Qué es:** El porcentaje de suscriptores que abren tu newsletter y hacen clic en al menos un enlace.

- **Cómo interpretarla:** Mide la relevancia del contenido para la audiencia.

Tiempo de lectura:

- **Qué es:** El tiempo promedio que los suscriptores dedican a leer tu newsletter.

- **Cómo interpretarla:** Indica el nivel de interés en tu contenido.

Dispositivos utilizados:

- **Qué es:** Los dispositivos que los suscriptores usan para abrir tu newsletter.

- **Cómo interpretarla:** Te ayuda a optimizar el diseño y la experiencia de lectura.

Ubicación geográfica:

- **Qué es:** La ubicación de tus suscriptores.

- **Cómo interpretarla:** Útil para segmentar tu audiencia y crear contenido personalizado.

Como ves, existen muchas métricas que miden el desempeño de tu newsletter. Interpretarlas correctamente te permite hacer ajustes y mejorar continuamente tus correos.

Ajustes y optimizaciones

Una vez que tengas claro qué indicadores te interesa evaluar, es recomendable que tomes alguna acción al respecto.

De manera periódica (por ejemplo, mensual o trimestral) puedes revisar las métricas de tus newsletters. Esto te ayudará a identificar tendencias, tanto positivas como negativas.

Lleva un registro de los cambios que implementes y observa cómo afectan tus métricas. Esto no solo te ayudará a entender qué funciona, sino que también facilitará la identificación de lo que no ha tenido el impacto esperado.

Pruebas A/B

Las pruebas A/B no son más que experimentos que podemos hacer con nuestra audiencia, enviando un correo a un porcentaje (por ejemplo a la mitad de nuestra lista) y otro correo diferente al resto.

Puedes cambiar sólo un elemento (como por ejemplo el asunto del email) o todo el correo.

Analiza con las métricas disponibles cómo ha funcionado tu correo A y cómo ha funcionado tu correo B.

Basado en los resultados de las pruebas A/B, implementa gradualmente los cambios que han demostrado mejorar el rendimiento. Esto ayuda a evitar fluctuaciones bruscas y permite un enfoque más medido.

Feedback directo

Regularmente solicita feedback directo de tus suscriptores. Puedes usar este feedback para hacer ajustes específicos que tus métricas no puedan sugerir.

Si tienes un blog o redes sociales activas, utiliza estos canales para obtener más pistas sobre lo que tus seguidores piensan de tu contenido.

18. CÓMO MONETIZAR TU NEWSLETTER

Nos encantan las newsletter, nos encanta escribir correos y crear comunidades pero… seamos sinceros, también nos gusta el dinero.

Si creamos una newsletter es por una razón y, normalmente, es para dar a conocer nuestra empresa, marca o producto y, en última instancia, generar una venta.

Además de conseguir dirigir el tráfico hacia nuestra web podemos rentabilizar el tiempo que dedicamos a nuestra newsletter de muchas maneras.

A mí se me han ocurrido 13 pero estoy convencido de que hay muchas más.

Enlace de "Cómprame un café"

El micro mecenazgos, donaciones o los enlaces de "Cómprame un café" permiten a los suscriptores donar dinero directamente para apoyar tu trabajo. Un ejemplo de esto es BrainPint, una newsletter semanal que incluye este tipo de enlace en el pie de página de cada edición.

Esta estrategia es fácil de implementar y no requiere la creación de productos. Sin embargo, depende de la generosidad de los suscriptores y las donaciones pueden ser irregulares.

Para empezar, regístrate en plataformas como Buy Me a Coffee, configura tu página de donaciones, añade el enlace a tu página en el pie de tus newsletters y promociona ocasionalmente este enlace dentro del contenido de tu newsletter.

Ofertas de Afiliados

Promocionar productos o servicios de terceros y ganar una comisión por cada venta realizada a través de tus enlaces de afiliados es otra opción viable. Por ejemplo, 100DaysofNoCode ofrece cursos gratuitos y gana comisiones promocionando herramientas no-code.

La ventaja de este método es la gran variedad de programas de afiliados disponibles que pueden generar ingresos pasivos (el más famoso es el de Amazon, pero existen muchos más).

Sin embargo, las comisiones pueden ser bajas y dependen de las ventas generadas. Para implementar esto, identifica productos relevantes para tu audiencia, únete a programas de afiliados, obtén tus enlaces e inclúyelos en tus correos.

Redes de Publicidad

Utilizar redes de publicidad que colocan anuncios relevantes en tu newsletter, como Paved y Admailr, puede generar ingresos adicionales sin mucho esfuerzo.

La principal ventaja es que no requiere la venta directa de anuncios. No obstante, las comisiones de la red pueden reducir tus ganancias. Para comenzar, regístrate en una red de publicidad, configura tu cuenta y sigue las instrucciones para incluir anuncios en tus newsletters.

Patrocinios

Es muy habitual aceptar publicitar algún producto, marca o incluso newsletter en una edición de tu newsletter, o incluso en todas.

Las marcas cada vez son más conscientes del potencial que tienen las newsletters para llegar a sus clientes y están dispuestas a pagar por ello.

Recuerda incluir en tu newsletter un enlace para que las empresas sepan que aceptas patrocinios.

Newsletter de Pago

Ofrecer una versión premium de tu newsletter por una tarifa de suscripción, como muchas newsletters en Substack, proporciona ingresos recurrentes y estables.

Necesitas crear contenido valioso y mantener baja la tasa de cancelación. Para esto, utiliza plataformas como Substack o Patreon para gestionar suscripciones pagadas, promociona la versión premium en tu newsletter gratuita y crea contenido exclusivo y valioso para tus suscriptores pagos.

Esta es una de mis opciones favoritas aunque te reconozco que requiere muchísimo trabajo.

Es el caso de la comunidad de Creando Newsletter de Chus Naharro.

Infoproductos

Vender productos digitales como ebooks, informes o plantillas es un método efectivo para generar ingresos.

Por ejemplo, Notionway vende plantillas para Notion a través de su newsletter.

Una vez creados, estos productos pueden venderse infinitamente con poco esfuerzo adicional, generando ingresos recurrentes.

Para comenzar, desarrolla un producto digital relevante para tu audiencia, promociónalo en tu newsletter y en redes sociales, y utiliza herramientas como Stripe para gestionar pagos y entregar productos automáticamente.

Es mi principal medio de monetización en la newsletter de Donkey Motorbikes, en la que vendo mis cursos de mecánica o mis libros.

Venta de productos físicos de merchandising

Vender productos físicos con tu branding, como camisetas o tazas, puede fortalecer la marca y la lealtad de los suscriptores.

Decrypt, por ejemplo, vende mercancía como gorras y sudaderas a través de su tienda online.

Las plataformas de impresión bajo demanda toman una parte significativa de las ganancias, pero permiten una fácil gestión de inventario y envío.

Para implementar esto, diseña productos que resuenen con tu audiencia, utiliza servicios de impresión bajo demanda como Printful o Printify, y promociona los productos en tu newsletter y redes sociales.

Organización de eventos

Generar ingresos a través de la organización de eventos, talleres o webinars es otra estrategia efectiva.

Morning Brew organiza eventos patrocinados para su audiencia de profesionales jóvenes, fortaleciendo la comunidad y permitiendo interacciones más profundas con los suscriptores. Sin embargo, requiere mucho tiempo y esfuerzo para planificar y ejecutar.

Para empezar, planifica un pequeño evento piloto para medir el interés, utiliza herramientas como Eventbrite o Yendo para gestionar inscripciones y pagos, y promociona el evento en tu newsletter y redes sociales.

Creación de cursos

Desarrollar y vender cursos online sobre temas en los que seas experto, como hace Carlos Galán con su máster de libertad inmobiliaria o Isra Bravo con sus cursos de copywriting, puede ser muy lucrativo.

Los cursos pueden venderse a precios más altos que otros productos digitales, aunque requieren mucho tiempo y esfuerzo para crear. Para comenzar, planifica el contenido y estructura de tu curso, graba las lecciones y crea materiales de apoyo, y utiliza plataformas de cursos online (como Vimeo o Coursera) para vender y entregar tu curso.

Venta de servicios

Proporcionar servicios especializados como consultoría, coaching o diseño, es una manera efectiva de generar ingresos significativos si tienes la experiencia adecuada.

Romuald Fons, por ejemplo, monetiza su newsletter de SEO (bigSEO) ofreciendo servicios de consultoría web (además de sus masters).

Para empezar, define los servicios que puedes ofrecer, promociona estos servicios en tu newsletter y crea una página de destino con más detalles, y gestiona las solicitudes y citas utilizando herramientas de programación en línea.

Redes de socios (referidos)

Recomendar otras newsletters y recibir pagos por cada nueva suscripción generada es un método fácil de implementar que puede generar ingresos adicionales.

SparkLoop, por ejemplo, paga entre $2 y $20 por cada nuevo suscriptor referido. Para empezar, únete a una red de socios como SparkLoop, elige newsletters relevantes para recomendar y añade una sección de recomendaciones en tu newsletter.

Membresías

Crear una comunidad exclusiva y cobrar una tarifa de suscripción para acceder, como la comunidad de Conalforjas o la de Pau Ninja, proporciona ingresos recurrentes y fortalece la comunidad.

Requiere tiempo para moderar y mantener la comunidad activa. Para empezar, elige una plataforma para tu comunidad, como Telegram o Discord, configura la comunidad y define las reglas de participación, y promociona la membresía en tu newsletter y redes sociales.

Venta de tu newsletter

Vender tu newsletter a otro negocio o individuo, como ocurrió con Remote Leads, te permite obtener un pago significativo por adelantado.

Sin embargo, pierdes el control y la propiedad de tu newsletter que tanto esfuerzo te ha costado crear.

Para comenzar, lista tu newsletter en plataformas como Duuce o Flippa, proporciona detalles sobre ingresos, costos, y base de suscriptores, y considera contratar a un broker si tienes una newsletter grande.

19. PATROCINA TU NEWSLETTER

Aunque ya te he adelantado en el capítulo anterior esta forma de monetizar tu newsletter, he querido dedicarle un capítulo en exclusiva, ya que es una de las principales fuentes de ingresos de los creadores de newsletters.

El patrocinio de newsletters es una estrategia poderosa para generar ingresos de manera constante, aprovechando el interés de las marcas en acceder a audiencias específicas y ya cribadas.

Te voy a contar mi experiencia para conseguir patrocinios, las órdenes de magnitud de ingresos que puedes esperar y cómo gestionar estas relaciones para maximizar el valor tanto para los patrocinadores como para tus suscriptores.

El patrocinio de newsletters implica que una empresa paga para que su marca, producto o servicio sea destacado en tu newsletter.

Los patrocinios pueden tomar diversas formas, desde anuncios gráficos hasta contenido patrocinado.

Los ingresos que puedes generar a través del patrocinio de newsletters varían según el tamaño de tu audiencia, tu sector y las métricas de tu newsletter.

- **Tamaño de la Audiencia:** Más suscriptores generalmente significan mayores ingresos potenciales.

- **Nicho de Mercado:** Nichos específicos pueden ser más valiosos para ciertos patrocinadores, permitiéndote cobrar más. No es lo mismo una newsletter farmacéutica, con laboratorios que pagan pequeñas fortunas por un patrocinio, que sectores con menos audiencia.

- **Tasa de Apertura y CTR:** Una audiencia comprometida con altas tasas de apertura y clics puede justificar precios más altos.

En cuanto al **orden de magnitud de ingresos** que puedes esperar por un patrocinio, lo cierto es que depende de tantos factores que me resulta complicado darte cifras, no obstante, puedes hacerte una idea con estos rangos:

- **Pequeñas Audiencias (1.000 – 5.000 suscriptores):** 50€ - 250€ por patrocinio.

- **Audiencias Medianas (5.000 – 25.000 suscriptores):** 250€ - 1.000€ por patrocinio.

- **Grandes Audiencias (25.000 – 100.000 suscriptores):** 1.000€ - 5.000€ por patrocinio.

- **Audiencias Muy Grandes (100.000+ suscriptores):** 5.000€+ por patrocinio.

Cómo conseguir patrocinios

Conseguir patrocinios requiere un enfoque estratégico y tocar muchas puertas, las máximas posibles.

Contar con una estrategia previa bien estructurada puede facilitarte esta ardua tarea y darte más opciones de éxito.

1. **Prepara un dossier de tu newsletter:**

   Incluye información sobre tu audiencia (tamaño, demografía, intereses), tasas de apertura y clics, ejemplos de newsletters anteriores, y opciones de patrocinio con precios.

   Puedes hacerlo en un PowerPoint o PDF, con un formato atractivo y profesional o incluso una página web dedicada. Herramientas con Canva pueden ayudarte a prepararlo.

2. **Identifica patrocinadores potenciales:**

   Busca empresas cuyas ofertas sean relevantes para tu audiencia. Esto último es fundamental, un patrocinio no relacionado con tu audiencia puede provocar que tus suscriptores se den de baja masivamente. No te la juegues.

   Puedes empezar identificando marcas que ya estén patrocinando newsletters similares a la tuya.

3. **Envío de propuestas:**

   Envía correos electrónicos personalizados a posibles patrocinadores, destacando cómo tu audiencia puede beneficiar a su marca.

   Realiza un seguimiento si no recibes una respuesta inicial.

4. **Plataformas de publicidad para newsletters:**

- **OhMyNewst:** Plataforma en la que puedes publicar tu newsletter para que empresas interesadas en tu temática puedan enviarte propuestas de patrocinio. Es la mejor opción en España.

- **Paved:** Conecta a creadores de contenido con anunciantes relevantes.

- **Swapstack:** Una plataforma donde puedes encontrar y gestionar patrocinios.

- **SparkLoop Partner Network:** Únete para recomendar otras newsletters y recibir pagos por referidos.

Una vez que consigas patrocinadores, es importante gestionar estas relaciones de manera efectiva para asegurar la satisfacción tanto del patrocinador como de tu audiencia.

Mantén una comunicación regular con tus patrocinadores para actualizarles sobre el rendimiento y obtener feedback.

Proporciona reportes detallados sobre el rendimiento del patrocinio (tasas de apertura, CTR, conversiones). Sé transparente sobre los resultados para construir confianza y relaciones a largo plazo.

Recuerda que la integración del patrocinio dentro de tus correos debe ser **lo más natural posible,** debe ser siempre contenido **relevante para tu audiencia** y no debe resultar intrusivo.

20. NEWSLETTERS DE PAGO

Las newsletters de pago se han convertido en una herramienta poderosa para creadores de contenido, permitiendo monetizar directamente su audiencia.

Este modelo supone que una parte de tu audiencia está dispuesto a pagar por acceso a información especializada o contenido exclusivo.

Para lanzar una newsletter de pago, debes elegir una plataforma adecuada que soporte suscripciones y gestione el cobro y distribución de contenidos (aunque también puedes hacerlo manualmente).

Plataformas como Substack, Patreon, y Mailchimp ofrecen facilidades para iniciar sin necesidad de grandes conocimientos técnicos, además de integración con sistemas de pago como Stripe o PayPal.

- **Substack** se lleva la palma entre las plataformas de newsletters de pago, al simplificar el proceso al manejar todo desde la creación hasta la distribución del contenido.

- **Patreon** permite una mayor personalización de las suscripciones, ofreciendo diferentes niveles de acceso y beneficios.

- **Mailchimp** proporciona herramientas avanzadas de marketing por correo electrónico, con capacidad para segmentar audiencias y analizar el comportamiento del suscriptor.

En cuanto al **precio**, las tarifas varían significativamente dependiendo del nicho y la calidad del contenido. Algunos creadores cobran unos pocos euros al mes, mientras que otros pueden solicitar cantidades mayores por contenidos premium o acceso exclusivo a comunidades.

Es común encontrar estructuras de precios que empiezan desde 5€ hasta 30€ mensuales.

El verdadero valor de una newsletter de pago no solo proviene del contenido, sino también de la comunidad que se construye alrededor de ella. Los suscriptores a menudo están dispuestos a pagar una prima por formar parte de un grupo exclusivo con intereses similares, donde pueden interactuar, compartir ideas y obtener acceso directo a los creadores.

Implementar una newsletter de pago requiere un equilibrio entre contenido atractivo y una gestión efectiva de la comunidad. Con la estrategia adecuada, puedes convertir tu pasión en una fuente de ingresos sostenible y cultivar una relación significativa y enriquecedora con tu audiencia.

Requiere, eso sí, una mayor dedicación que una newsletter convencional, pero si lo consigues, habrá merecido la pena.

21. EL CONSENTIMIENTO

En el mundo del email marketing, el consentimiento no solo es una buena práctica, es una necesidad legal que ayuda a construir y mantener la confianza con tu audiencia.

Las leyes de protección de datos como el GDPR en Europa, la CAN-SPAM Act en Estados Unidos y leyes similares en otros países, requieren que los suscriptores den su consentimiento explícito antes de recibir comunicaciones por correo electrónico.

Este consentimiento debe ser <u>libre, específico, informado e inequívoco</u>.

Al asegurarte de que los suscriptores realmente quieran recibir tus emails, mejorarás la tasa de apertura y la interacción con tu newsletter. Esto, a su vez, puede mejorar la entregabilidad de tus emails.

Pedir el consentimiento muestra que respetas la privacidad y las preferencias de tus usuarios, lo cual es fundamental para construir relaciones a largo plazo basadas en la confianza.

Cómo gestionar el consentimiento

1. Utiliza el Opt-In activo:

- **Fomenta las Suscripciones de Calidad:** Asegúrate de que los nuevos suscriptores sepan exactamente en qué se están inscribiendo. Esto incluye detalles sobre la frecuencia del correo electrónico y el tipo de contenido que recibirán.

- Evita el uso de casillas pre-marcadas. Los suscriptores deben marcar activamente una casilla para mostrar su consentimiento para recibir tu newsletter. Este enfoque refuerza la naturaleza voluntaria del consentimiento.

- Aunque no es obligatorio en todas las jurisdicciones, el doble opt-in es una práctica recomendada porque añade una capa adicional de verificación, asegurando que los correos electrónicos proporcionados son correctos y que el titular de la dirección realmente desea suscribirse.

2. Sé claro y conciso:

- Cuando solicites el consentimiento, explica claramente qué están aceptando los suscriptores. Incluye información sobre la frecuencia de los emails y el tipo de contenido que enviarás.

3. Proporciona opciones de baja claras:

- Asegúrate de que tus newsletters contengan un enlace visible y fácil de usar para darse de baja. La capacidad de cancelar la suscripción fácilmente es un requisito legal y mejora la percepción de tu marca.

4. Documenta el consentimiento:

- Mantén un registro de cuándo y cómo obtuviste el consentimiento de cada suscriptor. Esto es importante en caso de que necesites demostrar el cumplimiento de las leyes de protección de datos.

5. Actualiza regularmente a los suscriptores:

- Considera enviar periódicamente un email para recordar a tus suscriptores que están suscritos y ofrecerles la opción de modificar sus preferencias de suscripción o darse de baja.

Gestionar correctamente el consentimiento no solo te ayuda a cumplir con la ley, sino que también refuerza la integridad de tu lista de suscriptores y mejora la eficacia de tus campañas de email marketing. Al ser transparente y respetar las preferencias de tus usuarios, estableces las bases para una relación duradera y respetuosa.

22. RESOLUCIÓN DE PROBLEMAS COMUNES

Después de muchos años enviando correos, he ido encontrando muchos problemas a lo largo del camino.

Algunos he podido detectarlos y solucionarlos, otros, lamentablemente no supe gestionarlos y fueron terminando con proyectos.

Te cuento los más recurrentes y te doy algunos consejos para resolverlos.

1. Bajas tasas de apertura:

- **Problema:** Tus correos electrónicos no están siendo abiertos a una tasa satisfactoria.

- **Soluciones:**

    - **Mejora los asuntos:** Experimenta con líneas de asunto más atractivas, utilizando preguntas, provocaciones o urgencia moderada.

    - **Optimiza el tiempo de envío:** Ajusta los horarios de envío basándote en cuando tus suscriptores están más activos. Utiliza datos de tus herramientas de análisis para encontrar estos tiempos.

2. Altas tasas de desuscripción:

- **Problema:** Estás perdiendo suscriptores a un ritmo más alto de lo normal.

- Soluciones:

  - **Revisa el contenido y la frecuencia:** Asegúrate de que el contenido sea relevante y de valor. Considera si estás enviando correos demasiado frecuentemente y ajusta según sea necesario. Implementa preguntas en el formulario de baja, es posible que los suscriptores quieran contarte por qué se están dando de baja.

  - **Segmenta tu lista:** Envía contenido más personalizado a diferentes segmentos de tu audiencia para aumentar la relevancia.

3. Bajo engagement (bajas CTR):

- **Problema:** Los suscriptores abren tus emails pero no clican en los enlaces.

- Soluciones:

  - **Mejora la calidad del contenido:** Asegúrate de que el contenido dentro de tus newsletters sea atractivo y valioso. Incluye llamados a la acción claros y visibles.

  - **Utiliza diseños atractivos:** Considera el diseño de tus emails. Un diseño limpio y profesional puede mejorar la experiencia del usuario y facilitar la navegación.

  - **Encuestas de Satisfacción:** Envía encuestas periódicamente para solicitar feedback sobre lo que tus suscriptores disfrutan y lo que les gustaría cambiar sobre tu newsletter.

- **Segmenta tu Lista:** No todos tus suscriptores están interesados en lo mismo. Utiliza la segmentación para personalizar tus correos electrónicos según los intereses y comportamientos de tus suscriptores.

- **Contenido Personalizado:** Envía contenido que sea relevante para los segmentos específicos de tu audiencia. Esto no solo mejora la relevancia, sino que también aumenta el compromiso.

4. Problemas técnicos de envío:

- **Problema:** Los correos electrónicos no se entregan o terminan en la carpeta de spam.

- **Soluciones:**

  - **Revisa la configuración del SPF/DKIM:** Asegúrate de que tus registros SPF y DKIM estén correctamente configurados para mejorar la autenticidad de tus correos electrónicos. Puedes apoyarte en tu plataforma de email marketing para ello.

  - **Limpieza de la lista:** Realiza una limpieza regular de tu lista eliminando suscriptores inactivos o aquellos que nunca interactúan con tus correos. Esto no solo mejora tus tasas de apertura y clics, sino que también mantiene tu reputación de envío saludable.

  - **Re-engancha o Elimina:** Envía campañas de re-engagement a aquellos suscriptores que no han interactuado en un tiempo prolongado. Si no responden, considera removerlos de tu lista.

5. Respuestas automatizadas y gestión de feedback:

- **Problema:** Recibes muchas respuestas a tus newsletters o preguntas que requieren mucho tiempo para gestionar.

  Esto, per se, no es un problema e indica un alto grado de salud de tu newsletter, pero, en ocasiones, puede no ser sencillo de gestionar.

- **Soluciones:**

  - **Implementa un sistema de respuesta automatizada:** Utiliza respuestas automatizadas para las preguntas más frecuentes.

  - **Crea una Sección de FAQs:** Incluye una sección de preguntas frecuentes en tu sitio web y vincúlala en tu newsletter.

Enfrentar y resolver problemas comunes en la gestión de newsletters es esencial para mantener una estrategia de email marketing efectiva y sostenible. Al aplicar estas soluciones, puedes mejorar significativamente el rendimiento de tus newsletters y la satisfacción de tus suscriptores.

23. HERRAMIENTAS ÚTILES PARA CREADORES DE NEWSLETTERS

Me encantan los gadgets y las herramientas de productividad, soy un auténtico friki de ellas, por eso no he podido evitar incluir un capítulo dedicado a las herramientas que utilizo en mi día a día.

Muchas de ellas no son exclusivas para creadores de newsletters, sino que puedes usarlas para cualquier tarea.

1. Herramientas de diseño gráfico

- **Canva:** la utilizo para absolutamente todo. Ofrece una amplia biblioteca de plantillas que pueden ser personalizadas para crear imágenes llamativas para tus newsletters. Su interfaz de arrastrar y soltar la hace accesible incluso para no diseñadores.

- **Adobe Spark:** Permite la creación rápida de gráficos, páginas web y videos cortos que son perfectos para mejorar el contenido visual de tus newsletters.

- **TinyPNG**: ideal para reducir el tamaño de tus imágenes.

- **GIMP**: el Photoshop gratuito.

- **Unsplash**: tremendo banco de imágenes gratuitas que puedes utilizar en tus proyectos.

2. Gestión y curación de contenido

- **Curata:** Optimiza la curación de contenido al permitirte configurar criterios personalizados que automaticen la búsqueda de contenido relevante que puedes compartir con tus suscriptores.

- **Feedly:** Actúa como un agregador de noticias personalizable que te ayuda a mantenerse al día con las últimas tendencias en tu sector, lo cual es muy útil para generar ideas frescas para tu contenido.

3. Herramientas de automatización y CRM

- **Zapier:** Facilita la integración entre diferentes aplicaciones, como conectar tu plataforma de email marketing con herramientas de CRM, sistemas de pago, o bases de datos sin necesidad de intervención manual.

- **HubSpot:** Más allá del email marketing, HubSpot ofrece funcionalidades completas de CRM y marketing, permitiéndote manejar todos tus canales de marketing desde una sola plataforma.

- **Make:** Desde tareas y flujos de trabajo hasta aplicaciones y sistemas, crea y automatiza cualquier cosa en una potente plataforma visual.

4. Análisis y optimización

- **Google Analytics:** Esencial para medir el tráfico que tus newsletters generan hacia tu sitio web y comprender cómo interactúan los usuarios con tu contenido.

- **Litmus:** Proporciona herramientas para probar y optimizar tus emails en diferentes dispositivos y clientes de correo, asegurando que cada mensaje se vea perfecto en cualquier pantalla.

5. Herramientas de organización y gestión de proyectos

- **Notion:** Una herramienta todo-en-uno para la organización que te permite crear bases de datos personalizadas, tableros kanban, y documentos colaborativos para planificar y gestionar tu estrategia de newsletter.

- **Trello:** Utiliza el método Kanban para la gestión de proyectos, lo que es ideal para planificar ediciones futuras de newsletters, asignar tareas a miembros del equipo, y seguir el progreso de cada edición.

6. Encuestas y Feedback

- **Google Forms:** la web de encuestas de Google, fáciles de crear y con un buen análisis de datos.

- **SurveyMonkey:** Permite crear encuestas detalladas que puedes usar para recopilar feedback de tus suscriptores. La información recogida puede ayudarte a ajustar tus estrategias y mejorar el contenido de tus newsletters.

- **Typeform:** Ofrece un diseño de encuestas atractivo y centrado en la experiencia del usuario, lo que puede aumentar la tasa de respuestas y proporcionarte datos valiosos sobre las preferencias y comportamientos de tus suscriptores.

La selección y utilización de las herramientas adecuadas puede transformar la manera en que gestionas y entregas tus newsletters.

Estas herramientas no solo te ayudan a diseñar emails más atractivos y personalizados, sino que también te permiten automatizar procesos, analizar el comportamiento de tus suscriptores, y gestionar tu contenido y calendario editorial de manera más eficiente.

24. INTELIGENCIA ARTIFICIAL Y NEWSLETTERS

La inteligencia artificial (IA) ha revolucionado muchas áreas del marketing digital, incluyendo la creación y gestión de newsletters.

La IA Automatiza tareas repetitivas, permitiéndonos a los creadores de contenido concentrarnos en aspectos más estratégicos de nuestro trabajo.

También tiene una capacidad ilimitada para analizar grandes volúmenes de datos, que puede sernos útil para optimizar el rendimiento de las campañas.

En mi caso, utilizo la IA para obtener ideas de contenido, para el desarrollo de textos, creación de imágenes o para personalizar el contenido en función de los intereses de mis suscriptores.

Personalización de contenido

La IA permite personalizar el contenido de las newsletters según los intereses y comportamientos de los suscriptores, mejorando así la relevancia y el engagement.

Utiliza IA para analizar datos demográficos y de comportamiento para segmentar tu audiencia y pídele que adapte tu contenido a cada segmento para aumentar la relevancia.

Puedes incluso implementar algoritmos que sugieran artículos, productos o servicios basados en el historial de interacción de los suscriptores.

Por ejemplo, Netflix utiliza IA para recomendar películas y series basadas en nuestro comportamiento previo (por eso no para de recomendarme Pepa Pig y La patrulla canina). Este mismo enfoque puede aplicarse a newsletters.

Creación de contenido

La IA puede ayudarte a generar contenido para tus newsletters, desde la creación de textos hasta la optimización del diseño.

Utiliza modelos de lenguaje avanzados para redactar correos electrónicos atractivos y relevantes. En mi caso, utilizo ChatGPT4 y Copilot (que es lo mismo pero integrado en Microsoft).

Puedes emplear la IA para revisar y mejorar la gramática y el estilo de tus textos.

Herramientas que integran IA, como Canva que ofrecen plantillas automatizadas y sugerencias de diseño.

Por ejemplo, The Washington Post utiliza un sistema de IA llamado Heliograf para redactar noticias y boletines automatizados.

Optimización del rendimiento

La IA puede analizar el rendimiento de tus campañas de email marketing y proporcionar recomendaciones para optimizarlas.

Utiliza IA para prever el comportamiento futuro de los suscriptores, como la probabilidad de apertura de correos o la tasa de conversión.

Identifica los mejores momentos para enviar tus newsletters basándote en el análisis de datos.

La IA también puede implementar pruebas A/B automatizadas para evaluar diferentes versiones de tus correos electrónicos y determinar cuáles son más efectivas.

Por ejemplo, Optimail utiliza IA para realizar pruebas A/B automatizadas y optimizar el contenido y el horario de envío de las newsletters.

Interacción y respuesta

La IA puede mejorar la interacción con los suscriptores y gestionar las respuestas de manera eficiente. Puedes implementar chatbots que puedan responder a preguntas frecuentes y asistir a los suscriptores en tiempo real.

25. DESPEDIDA

Aquí empieza tu andadura como creador de newsletters, aunque espero que, a estas alturas del libro ya hayas conseguido crear tu primera newsletter o hayas mejorado la que ya tenías.

A día de hoy no se me ocurre ninguna forma mejor de llegar hasta tus lectores, clientes o seguidores. Con un correo bien planteado te meterás directo hasta la cocina.

Espero haber estado a la altura de tus expectativas. He intentado explicarte todo como me habría gustado que alguien me lo hubiera contado a mí cuando la idea de comenzar una lista de correos empezó a rondar mi cabeza.

Como ves, lanzar una newsletter, gestionarla y mejorar con ello tu marca, negocio o comunidad no es algo complicado. Tienes todas las herramientas a tu alcance y, si estás leyendo esto, tienes lo más importante: las ganas de hacerlo.

Sólo espero que esta pequeña guía te haya servido para despejar esas dudas que tenías y te hayan convencido definitivamente de que, si quieres puedes.

Si te ha gustado el libro me gustaría pedirte un favor para poder llegar a más gente como tú, interesada en crear una comunidad o llegar a la bandeja de entrada de más personas. Te quiero pedir una reseña honesta en Amazon, me ayudará muchísimo. Sólo tienes que seguir el código

QR y te llevará directo a la página de comentarios del libro. Te lo agradezco de corazón.

Ojalá las páginas de notas estén llenas de ideas para tu próximo proyecto. Habrá merecido la pena.

Muchas gracias por haber llegado hasta aquí.

Un fuerte abrazo.

26. IDEAS PARA TU NEWSLETTER

www.ingramcontent.com/pod-product-compliance
Lightning Source LLC
La Vergne TN
LVHW051245050326
832903LV00028B/2589